高职高专经济管理类专业核心课程“十二五”课改规划教材

# 经济管理应用文写作

主　编　陆颖瑾

副主编　宋军朋

西安电子科技大学出版社

## 内容简介

本书详细说明了一般企业常用文书的写作内容和规范格式，向读者介绍了各种现代企业以文书为载体的有效的沟通方法。本书共6章，内容包括行政公文写作、办公事务文书写作、人力资源管理文书写作、法务文书写作、公关文书写作、商务信函写作等，基本涵盖了企业日常业务各环节对内、对外的常用文书格式及写作要领。

本书可作为高职高专学校的教材，也可作为企业新员工的培训教材。

**图书在版编目(CIP)数据**

经济管理应用文写作/陆颖瑾主编. —西安：西安电子科技大学出版社，2014.4

高职高专经济管理类专业核心课程“十二五”课改规划教材

ISBN 978-7-5606-3299-5

Ⅰ. ① 经… Ⅱ. ① 陆… Ⅲ. ① 经济管理—应用文—写作—高等职业教育—教材 Ⅳ. ① H152.3

**中国版本图书馆CIP数据核字(2014)第041139号**

策　　划　毛红兵

责任编辑　阎　彬　赵　镁

出版发行　西安电子科技大学出版社(西安市太白南路2号)

电　　话　(029)88242885　88201467　　邮　　编　710071

网　　址　www.xduph.com　　电子邮箱　xdupfxb001@163.com

经　　销　新华书店

印刷单位　陕西华沐印刷科技有限责任公司

版　　次　2014年4月第1版　2014年4月第1次印刷

开　　本　787毫米×1092毫米　1/16　　印张　9.5

字　　数　221千字

印　　数　1～3000册

定　　价　16.00元

ISBN 978-7-5606-3299-5/H

**XDUP 3591001-1**

# 前言

经济管理应用文是一种比较独特的应用文体，特指经济领域的应用文。它在内容和使用上有其独特性，与其他应用文相比有较大的区别。经济管理应用文是协调经济活动的重要工具，也是从事各类经济管理活动的重要凭证。随着经济全球化趋势的发展，世界范围内的经济交流与合作不断增多，经济管理领域的文书也逐步走向国际化、专业化和标准化。

为了适应新经济形势发展的需要，满足高职经济管理类专业学生及文秘人员对经济管理应用文写作理论知识的需求，笔者根据高职应用型人才培养的要求编写此书。本书在具体内容上主要有以下几个方面的特色:

(1) 根据企业公文写作的现状，采编最新经济管理应用文案例。

(2) 在应用文写作专业化方面作了较大的加强，在传统应用文写作的基础上，补充了现代企业常用的专业职能部门文书的写作方法。

(3) 在写作内容和写作方法方面作了比较详细的阐述。

本书在编写过程中参阅了国内外多部专著和多篇论文，吸收了许多学者的研究成果，并得到了西安电子科技大学出版社的大力支持。

限于编者的水平，虽主观上做了一些努力，但恐未能如愿，书中不足及不妥之处在所难免，敬请专家和读者批评指正。

陆 颖 瑾

2014 年 2 月

# 目　录

# 第一章　行政公文写作

学习目标

- **理论目标**

了解行政公文的概念、特点、作用和种类；熟悉行政公文的行文规则、特定格式；掌握常见公文文种的具体写法。

- **案例目标**

运用行政公文的理论知识研究相关案例，使学生能牢固掌握常见文种的特定格式、内容、结构和语言等方面的要求，为具体文种的撰写打下坚实的基础。

- **实务目标**

使学生能依据提供的情景和文种要求，运用相关理论知识进行分析构思，能比较熟练地撰写出合格、规范的常见行政公文。

## 第一节　概　　述

### 茹太素为何挨打？——从对公文的日常印象说起

据明朝《礼部志稿》载，洪武九年(1376)十二月，刑部主事茹太素上了一份陈述时务的奏折，长达一万七千字，共说了五件事。朱元璋叫中书郎王敏读给他听。读至六千三百多字，尚未进入正题。朱元璋大怒，令人将茹太素重打五十大板，痛得茹太素哭爹喊娘。朱元璋随即下令：“虚词失实，巧文乱真，朕甚厌之，自今有以繁文出入朝廷者，罪之。”事后，朱元璋对别的大臣说，其实茹太素所要反映的事有五百字足矣，何须堆砌那么多文词，使人听后如坠云雾，难明其意。

思考：

1. 通过本案例，你认为茹太素为何挨打？
2. 在未系统学习公文的理论知识前，你对公文的日常印象如何？
3. 什么是公文或行政公文？

评析：

公文写作应遵循在长期实践中形成的简练的内容结构模式和凝练的语言表达习惯，内容应该删繁就简，禁绝空话、套话。国际通用的公务文书写作“5C”标准中的Concise即要求公务文书内容简明扼要。

## 一、行政公文的概念

公文：一般有广义和狭义两种理解。本书的公文概念所取为广义公文，泛指一切公务活动所使用的文书，即机关、团体、企事业单位在行政公务活动中所使用的书面材料的总称。

行政公文是在治理社会、管理国家的公务实践中使用的具有规范体式和法定效力的应用文。它是经过特殊规范化的文体，具有其他文体所没有的权威性，有法定的制作权限和确定的读者，有特定的行文格式。行政公文与应用文写作密切相关。

行政公文的作用可简略归纳为以下五个方面：法律法规的发布与传达、上级对下级的领导与指导、上下级之间工作的联系与沟通、党和国家方针政策的宣传与教育、处理各项公务的依据与凭证。其实，行政公文的这些主要作用是相互联系的，一份公文，有时可能只具有某一项功能，有时可能会兼有几种作用。

行政公文的特点可归纳为以下五个方面：

(1) 权威性。公文是制作者根据法定职权制作和发布的，代表了某一政党，某一国家，某一机关、单位、团体的集体意志，而非个人意志，在一定的范围内，具有法定的权威性和行政约束力。

(2) 实用性。公文是为了解决现实工作中出现的矛盾和问题而制作和发布的，也用于颁布法规、传达意图、上下联系、商洽事务，以及交流情况、传播经验、推动工作等方面。即使公文是对某一历史现象作出评价和结论，也是为了统一人们当前混乱的思想认识，其功能始终是面对现实，为现实服务的，具有很强的实用性。

(3) 规范性。公文有统一规定的种类、格式和行文规则等要求，任何机关、单位或团体都不能标新立异，另创一套。每种公文均使用一定的格式，适用于一定的范围，表达一定的内容，绝不可任意混用。

(4) 时效性。每种公文都具有不同程度的时效性。有的公文时效较长，例如重要的法律法规，如《民法》、《合同法》等；有的公文时效则很短，当该项工作或任务完成后，该公文就会失效(比如通告、通知、批复等公文)。

(5) 特定性。公文有特定的作者和读者。公文虽然由某个人起草，但其作者并不是代表个人，而是代表单位或集体。即使是某些以领导者个人署名的公文，代表的也是一个特定的集体。公文的阅读对象是特定的，从公文草拟开始，就已经限定了阅读者的身份及范围。

行政公文按行文方向，可分为上行、下行、平行三种。上行文，是指下级机关向上级机关呈送的公文，如报告、请示；下行文，是指上级机关向下属机关发送的公文，如命令、决定、公告、通告、通知、通报、批复和意见；平行文，是指平级机关或不相隶属的机关之间的来往文件，如函、议案。

公文按照来源，可分为收文和发文两类；按照发送与处理的时间要求，可分为特急件、急件、平件；按照公文内容的机密程度，可分为绝密公文、机密公文、秘密公文和普通公文；按照公文的性质、作用，可分为命令性公文(如命令)、指导性公文(如意见、批复)、决定性公文(如决定)、知照性公文(如公告、通报、通知)、呈请性公文(如报告、请示、议案)、商洽性公文(如函)、记录性公文(如会议纪要)；按照传递的媒质，可将公文分为传统的纸质公文和现代化的电子公文两大类。

## 二、行政公文格式

行政公文格式，是指公文各个组成要素在公文中所占位置、相互关系及排列顺序的具体外观表现形式，它是公文的权威、有效、合法的标志。《国家行政机关公文处理办法》第十条规定："公文一般由发文机关、秘密等级、紧急程度、发文字号、签发人、标题、主送机关、正文、附件、印章、成文时间、附注、主题词、抄送机关、印发机关和印制时间等部分组成。"《国家行政机关公文格式》又将这 16 个主要要素纳入眉首、主体、版记(即文头、主体和文尾)三大部分，并结合版面安排、字型、字号、字间距和行距、用纸尺寸等细节规范，对其格式作了统一规定，设定了严格的标准："本标准将组成公文的各要素划分为眉首、主体、版记三部分。置于公文首页红色反线以上的各要素统称眉首；置于红色反线(不含)以下至主题词(不含)之间的各要素统称主体；置于主题词以下的各要素统称版记。"行政公文的具体格式可参考附录 A。

### 1．眉首部分

(1) 公文份数序号。公文份数序号，是指将同一文稿印制若干份时，每份公文的顺序编号。使用公文份数序号有利于文件的分发、处理、查找和清退。公文份数序号应使用阿拉伯数字顶格标注在公文的左上角第 1 行，序号要求编虚位(即 1 编为 001)。

(2) 秘密等级和保密期限。按规定，保密文件分"绝密"、"机密"、"秘密"三级，以显示其涉密程度和保密要求。秘密等级应用 3 号黑体字，顶格标注在右上角第 1 行，两字之间空 1 字；如果同时标注秘密等级和保密期限，需用 3 号黑体字，顶格标注在右上角第 1 行，秘密等级和保密期限之间用"★"隔开。

(3) 紧急程度。紧急程度是指对公文送达与办理的时限要求，分"特急"和"急件"两种。如果没有秘密等级的标注，只标注紧急程度，可用 3 号黑体字，顶格标注在右上角第 1 行，两字之间空 1 字；如果同时标注秘密等级与紧急程度，则应将紧急程度顶格标注在右上角第 2 行。

(4) 发文机关标识。发文机关，是指公文的特定制作者，标注时应当使用其全称或规范化简称。发文机关标识由"发文机关名＋文件"组成，并以红色套印的大字置于文头的正中央，比如"上海市人民政府文件"。对于联合行文，主办机关名称应排列在先；若联合行文机关过多，则必须保证公文首页显示正文。发文机关标识推荐使用小标宋体字，用红色标识。字号由发文机关按照醒目美观的原则酌定，但最大不能大于或等于 22 mm × 15 mm。

(5) 发文字号。发文字号又称"文号"，是指发文机关编排文件的代号。具体格式是："机关代字＋年份＋序号"。发文字号位于发文机关标识下空 2 行，用 3 号仿宋体字，居中排布；年份、序号用阿拉伯数字标注；年份应标全称，例如，不能将"2007"写成"07"；年份只能用六角括号"〔〕"括入；序号不编虚位(即 1 不编为 001)；不加"第"字，比如"第 17 号"为错误的序号。标准文号：国发〔2009〕9 号，即指国务院 2009 年发出的第 9 号文件。

(6) 签发人。如果是上行公文，还需标注签发人姓名，其具体格式为：签发人姓名平行排列于发文字号右侧；发文字号居左空 1 字，签发人姓名居右空 1 字；签发人用 3 号仿宋体字，签发人后标全角冒号，冒号后用 3 号楷体字标识签发人姓名。如有多个签发人，需注意其排列次序。

**2．行文主体**

公文的主体是指公文的行文部分，其格式包括标题、主送机关、正文、附件、发文机关、签署、印章、附注、成文时间等要素。

(1) 标题。标题一般由发文机关、事由、文种三部分组成，如《国务院关于提请审议〈物权法〉的议案》，发文机关是“国务院”，事由是“提请审议〈物权法〉”，文种是“议案”，中间用介词“关于”把发文机关与事由连接起来；用结构助词“的”把事由与文种连接起来。鉴于眉首上印有发文机关名称，标题有时也可省略发文机关，但重要文件一般不省略发文机关，这样既显庄重，也便于有关方面引用。发文机关要写全称或者规范简称。有些内容极为简单、篇幅极为短小的公文，标题也可只写文种。需要特别注意的是：标题中除法规、规章名称加书名号外，一般不用标点符号。公文标题位于红色反线下空 2 行，用 2 号小标宋体字，可分一行或多行居中排布；回行时，要做到词意完整，排列对称，间距恰当。

(2) 主送机关。主送机关是行文的对象和主要受理机关，是指对所收公文负实际办理或答复责任的机关、单位或团体，应使用其全称、规范简称或统称。标注主送机关应力求明确具体，可分为单称、泛称、递降称三种。

单称就是只写一个主送机关，如上行文的请示。泛称是上级机关对下级机关中同类诸机关的统称，如“各省、自治区、直辖市人民政府，国务院各部委、各直属机构”，但不宜用“各有关单位”之类模糊词语。递降称是对垂直几个下级行文的称呼，如省向市、县行文：“各市、县人民政府”。还有些周知性、公布性公文，如公告等，可不写主送机关。主送机关要置于标题下空 1 行，左侧顶格，用 3 号仿宋体字，回行时仍顶格；最后一个主送机关名称后标全角冒号。当主送机关名称过多而使公文首页不能显示正文时，应将主送机关名称移至版记中的主题词之下、抄送之上，标识方法同抄送。

(3) 正文。正文是公文的主体，用来表达公文的具体内容，一般由开头、主体、结尾三部分构成。各部分的写法，依文种和具体内容而定。

(4) 附件。附件是指附属于正文的有关文字、图表材料。不过，并不是所有公文都有附件的，只有需要又不便写入正文的内容，才用附件来处理。附件是公文的一个组成部分，其效用与公文相同。它使正文内容具体、完整，为受文者正确理解和执行公文提供依据和参考。标注时在正文下空一行，左空 2 字，用 3 号仿宋体字标识“附件”，后标全角冒号和名称。附件如有序号，应使用阿拉伯数字(如“附件：1.×××××”)；附件名称后不加标点符号。附件应与公文正文一起装订，并注意保持序号和名称前后标注一致。

(5) 发文机关。发文机关是指制发公文并对文件负全责的法定作者，标注在正文的右下方。发文机关应写全称或规范化简称。联合行文时，主办机关应当排列在前，方便联系。

(6) 成文时间。成文时间即发文时间。成文时间以领导人签发的日期为准，联合行文

时，以最后签发机关领导人的签发日期为准；会议通过的文件，以会议通过日期为准；法规性文件，以文件批准日期为准。成文时间位于发文机关名称右下方，应用汉字书写，年月日要写全，特别注意："零"写为"〇"。

(7) 印章。印章是证实公文作者合法性及公文效力的标志。公文除会议纪要外，应加盖印章。联合上报的非法规性文件，由主办机关加盖印章。联合下发的公文，联合发文机关都应加盖印章。用印位置在成文时间上方，要求上不压正文，下骑年盖月，并且要盖得端正清晰。此外，应注意单一发文印章、联合行文印章及其特殊情况的具体格式的操作规定。

### 3．文尾部分

(1) 附注。附注是对公文使用方法、传达范围、名词术语等信息的说明，如"此件发至省市级"。附注用3号仿宋体字，居左空2字，加圆括号标注在成文时间下一行。

(2) 主题词。主题词是确切表达公文主题的规范化名词或名词性词组。排列主题词的顺序是：类别词、类属词、文种词。每份文件的主题词，最少三个，最多不超过五个。主体词用3号黑体字，居左顶格标识，后标全角冒号。词目用3号小标宋体字，词目之间空1字。如《江苏省人民政府关于保护通信线路安全的通告》，其主题词是"通信　安全　通告"。关于主题词更具体的使用方法，可以参阅《〈国务院公文主题词表〉及其使用说明》。

(3) 抄送、抄报机关。抄送、抄报机关用以标明需要了解公文内容或需要协助承办有关事宜的机关或组织。"抄报"用于对上级机关，"抄送"用于对下级、平级或不相隶属的机关。其位置在主题词下一行，左空1字，用3号仿宋体字标识"抄送(抄报)"，后标全角冒号，然后按机关或组织的性质、级别、有关规定或惯例，依次排列抄送(抄报)机关单位名称，中间用标点分隔。回行时与冒号后的抄送机关对齐；在最后一个抄送机关后标句号。

(4) 印发机关、日期、份数。这些又称印刷版记，是对公文印制发出情况的说明。该部分位于抄送栏下，划一条与抄送栏细线平行等长的细线，形成"印发说明栏"，占1行位置，用3号仿宋体字；印发机关左空1字，印发时间右空1字。印发时间以公文付印的日期为准，用阿拉伯数字标注。印刷份数在印发机关和日期栏横线右下一行，用阿拉伯数字标明"共印××份"，并用圆括号括上。要注意的是：版记应置于公文最后一页，版记的最后一个要素置于最后一行。

## 三、公文的行文制度

公文的行文制度是指公文在运行过程中应遵循的一系列规定的总称，主要包括行文关系、行文方向、行文方式、行文规则、公文处理等。

行文关系是指在行文时发文单位与收文单位之间的关系。这种关系主要有四种：上下级关系(即领导与被领导的关系)、平行关系(即同级别的关系)、隶属关系(即同一垂直组织系统的上下级关系)、非隶属关系。

行文方向分为上行、下行、平行三种关系。

行文方式是指行文的方法和形式。根据行文对象，行文方式分有：① 逐级行文：向直接的上级或者直接下级行文。② 越级行文：越过自己的直接上级或下级行文。③ 多级行文：向直接上级并呈非直接上级或者向直接下级并转非直接下级的一次性行文。④ 普发行文：向所属各机关及其部门、单位一次性行文，主送机关使用泛称。⑤ 通行行文：向隶属机关和非隶属机关以及社会群体一次性泛向行文。根据发文机关，行文方式可分为单独行文和联合行文。根据行文对象的主次，行文方式可分为主送和抄送。

行文规则可分为七个方面：① 确有必要；② 注重效用；③ 部门之间对有关问题未经协商一致，不得各自向下行文；④ 向下级机关或者本系统的重要行文，应当同时抄送直接上级机关；⑤ 关于请示公文的报送制度和行文规范的具体说明；⑥ 贯彻党政分工的原则；⑦ 正确选择适合联合行文的机关。

公文处理主要分为收文、发文处理。收文处理的环节为：签收—登记—审核—拟办—批办—承办—催办—归档；发文处理的环节为：草拟—审核—签发—复核—缮印—用印—登记—分发。

需要指出的是，《国家行政机关公文处理办法》和《国务院关于实施〈国家行政机关公文处理办法〉涉及的几个具体问题的处理意见》对行文制度有具体明确的说明，可供读者进一步详细参考。

## 四、行政公文的语言

公文以实用为目的，其语言特色可归纳为五点：庄重平实、准确严密、简洁凝练、恰当得体、规范标准。

(1) 庄重平实。公文的严肃性与法定权威性，决定了其语言应当庄重严肃。公文以事务活动为对象，语言应该质朴、平实，即应该用平实、通俗易懂的词语和句子，不堆砌辞藻，要实实在在地反映事实和情况；表达方式应该多用叙事、说明、议论，少用或不用描写、抒情；不用拟人、夸张等修辞手法，以免喧宾夺主，妨碍意思表达。

(2) 准确严密。公文应该措辞准确、清楚，不含混，无歧义。词语使用要严密，特别要注意词语在表达范围、轻重、程度、褒贬方面的细微差别。

(3) 简洁凝练。用最少的文字表达最丰富的内容，删繁就简，禁绝空话、套话。遵循公文在长期实践中形成的简炼的内容结构模式和凝练的语言表达习惯。

(4) 恰当得体。具体表现为，行文要根据实情选择恰当的文种、用语、语气。特别是语气，不同性质的文种要有相应得体的语气，比如公告大事要庄重严肃，通报错误要说理严正，发函商洽要谦诚以待。

(5) 规范标准。公文语言有其固定模式，这一模式形成了公文语言表达的基本规范。首先，公文写作要使用规范的书面语，不要用口语、方言词语和俚俗语，尽量避免使用比喻等间接表达的手法。其次，公文要使用专用语，就是指使用公文中形成的约定俗成的文言文词汇、语句等习惯性表达方式。具体专用语可参看《公文专用词语简表》(见附录 B)。最后，还要注意在使用专用名称、外来语、数字(特别是时间数字)、计量单位时，应采用统一标准(见附录 C)，以免造成混乱。

# 第二节　公告、通告

## 一、公告

### 1. 案例导入

案例 1　行政公告

**中华人民共和国全国人民代表大会公告**
**(第二号)**

第十届全国人民代表大会第三次会议于 2005 年 3 月 13 日补选×××、×××(女)、×××为第十届全国人民代表大会常务委员会委员。

现予公告。

中华人民共和国第十届全国人民代表大会
第三次会议主席团
二○○五年三月十三日

案例 2　法规公告

**海关总署公告 2010 年第 43 号(节选)**
**(关于调整进出境个人邮递物品管理措施有关事宜)**

为进一步规范对进出境个人邮递物品的监管，照顾收件人、寄件人合理需要，现就有关事项公告如下：

一、个人邮寄进境物品，海关依法征收进口税，但应征进口税税额在人民币 50 元(含 50 元)以下的，海关予以免征。

二、个人寄自或寄往港、澳、台地区的物品，每次限值为 800 元人民币；寄自或寄往其他国家和地区的物品，每次限值为 1000 元人民币。

三、个人邮寄进出境物品超出规定限值的，应办理退运……可以按照个人物品规定办理通关手续。

四、邮运进出口的商业性邮件，应按照货物规定办理通关手续。

五、本公告内容自 2010 年 9 月 1 日起实行。原《海关总署关于调整进出境邮件中个人物品的限值和免税额的通知》(署监〔1994〕774 号)同时废止。

特此公告。

二○一○年七月二日

**2．格式写法**

公告一般由标题、正文、落款三部分构成。

标题一般由发文机关名称、事由和文种组成，如《中国人民银行关于调整储蓄利率的公告》。有时可以省略掉事由，如《中华人民共和国国务院公告》。如果发文机关为授权机关，还要在标题中写明“授权”字样，这时标题中三部分的顺序可以稍作变动。

正文由缘由、事项、结语三部分组成。缘由即正文的开头，简要说明公告的原因、目的或依据；事项是公告的核心部分，要写明公告的具体事项，如果内容较多，可分条叙述；正文结束时，一般使用“特此公告”、“现予公告”等结束语。

结尾落款，即发文机关和日期。发文机关或在标题中标明，或在落款处标明。发文时间可以放在发文机关下，也可以在标题正下方。

语言要求简练、严谨、鲜明、准确。语气要庄重，篇幅力求简短，逻辑性要强，注重时效；中心突出，一事一告。

**3．文体知识**

公告是国家机关及其职能部门以及依法授权的单位，向国内外宣布重要(重大)事项或法定事项的公文，属于公开宣布的知照性下行文。公告有以下四个特点：

(1) 发布主体的限制性。公告的发文机关级别很高，仅限于中央和地方(各省、自治区、直辖市)最高权力机关(人大及其常委会)、最高行政机关(国务院)及其职能部门(部、委、办、厅、局，比如财政部、发改委、税务局、人民银行、法院等)以及其授权的新闻机构(国务院新闻办、新华社等)，一般行政机关、社会团体、企事业单位无权或不宜制发、使用公告。

同时需要特别指出的是，现实生活中，很多机关、单位、团体、个人由于不明白公告发布主体的权限性，经常出现乱用、滥用公告的现象，许多“公告”大多属于某些社会性事物文书(如广告、启事、声明等)，如“商品展销公告”、“医院门诊公告”、“迁址公告”等，致使公告逐渐演变为“公而告之”。有些则将“通告”错用成公告，如《市政府关于改用夏季办公时间的公告》、《中山西路禁行公告》等。

(2) 发布范围的广泛性。公告是向“国内外”公开发布的，这意味着其信息传达的对象和范围，一般不是局部的而是整体的，有时是全国，甚至是全世界。因此，决定、通告、指示等公文的内容，都不能用公告的形式发布，因为它们很难具有全国性或国际性的影响。

(3) 事项的重大性、庄重性。公告的事项必须是能在国内或国际产生一定影响的重要事项，或者依法必须向社会公布的法定事项。重大事项才可以使用公告，重要性程度较小的事项可用通告、通知、启事等形式发布。公告事项的内容很重要，所以必须庄重严肃，以体现国家机关及其职能部门的威信力。

(4) 发布形式的新闻性。公告的发布形式有新闻性特征，一般不用行政公文(发红头文件)的方式发布，所以没有直接的主送机关，而是及时、迅速地通过报纸、广播、电视、网络等新闻媒介公开发布。

根据其内涵，公告可以分为行政公告、法规公告两种类型。行政公告，是指向国内外宣布重大事项的公告。它通常以国家机关的名义向国内外民众庄重宣布某一重大事项，比如国家领导人的任免或出访、重要人士逝世、重大科技成果、重要军事行动、严重自然灾害等。法规公告，是指宣布法定事项的公告。中央和地方的最高权力机关和最高行政机关

及其职能部门，依照有关法律和法规的规定，颁布或发布重要法律、法规时，多采用公告的形式，如《中华人民共和国国家安全部公告》。在经济活动领域，相关的司法、工商、金融等职能部门依照法定监管程序，也会对一些事项发布公告，如财物拍卖或认领、质量监督、注册商标、上市企业股份重组或破产等。

## 二、通告

### 1. 案例导入

案例 1 事项性通告

**上海市地方税务局**
**关于增设有奖发票兑奖网点的通告**

为方便广大消费者兑取小额奖金，经与上海银行商定，自 2004 年 4 月 1 日起，本市的各上海银行营业网点，可为消费者办理中奖金额为 5～100 元(含 100 元)的兑奖工作。

特此通告。

二〇〇四年三月三十日

附：全市有奖发票兑奖点地址(略)
上海市税务局有奖发票兑奖点(略)

案例 2 强制性通告

**上海市人民政府关于加强**
**本市流动户外广告管理的通告**

为确保 2010 年上海世博会顺利举行，根据《上海市人民代表大会常务委员会关于本市促进和保障世博会筹备和举办工作的决定》的规定，市政府决定，在 2010 年上海世博会筹备和举办期间对本市流动户外广告采取如下管理措施：

一、禁止非客货运输用途的船舶在黄浦江、苏州河水域发布户外广告。违反规定的，由上海海事局、上海市地方海事局责令改正；拒不改正的，责令其停航或者改航。

二、禁止利用飞艇、航空运动器材、无人驾驶自由气球等飞行器设置，发布户外广告。违反规定发布户外广告的升空申请，民航华东地区管理局、上海市气象局不予批准；经批准升空后违反规定又发布户外广告的，由民航华东地区管理局责令限期改正。

三、除轨道交通车辆、公交车、长途客运车、出租车、货运出租车外，禁止其他机动车和非机动车设置、发布户外商业广告。违反规定的，由公安交通管理部门责令改正；拒不改正的，暂扣车辆，代为改正，所需费用由违法行为人承担，并可处以 200 元以上 2000 元以下罚款。

四、利用轨道交通车辆、公交车、长途客运车、出租车、货运出租车设置、发布户外

广告的，应当符合技术规范。违反规定的，由市交通港口局责令限期改正；逾期不改正的，处以2000元以上2万元以下罚款。

五、禁止利用车辆、船舶设置，发布可能产生不良影响内容的户外广告。违反规定的，由工商管理部门责令限期改正，并可处以3000元以上3万元以下罚款。

可能产生不良影响内容的户外广告的具体范围，由市工商局另行规定并公布。

六、本通告自公布之日至2010年12月31日施行。

上海市人民政府

二〇〇九年一月四日

---

**2．格式和写法**

通告由标题、正文、结尾落款三部分组成。

1) 标题

(1) 发文机关＋事由＋文种，如《裕安市人民政府关于坚决清理非法占道经营的通告》、《青州市公安局关于飞龙大桥交通管理规定的通告》。

(2) 发文机关＋文种，如《中国人民银行通告》、《中华人民共和国公安部通告》、《国家教委关于维护中小学正常教学秩序的通告》。

(3) 事由＋文种，如《关于查禁赌博的通告》。

(4) 文种，如《通告》，一般用于机关内部张贴。

2) 正文

(1) 通告缘由：用来阐明通告发布的目的、意义或法律依据。

(2) 通告事项：一般分条列项写出要求群众遵守或周知的事项。在缘由和事项之间常有过渡句，如“特作如下通告”或“特通告如下”等。

(3) 执行要求：提出要求，或指明执行时间、范围和有效期限，或对群众提出号召和希望。

3) 落款和日期

若标题中已有发文机关，则结尾只签署日期，有的通告也将日期大写在标题下的括号内。

4) 注意事项

(1) 通告内容要符合国家法规政策，不能以土政策行事，如某企业在一则通告中称：“门卫人员有权对进出人员施行人身搜查”，此一项，从法律的角度说，显然是不妥的。

(2) 语言要通俗、简洁、清楚，不能有歧义，比如“砍伐碗口粗的树木要罚款”。

(3) 选择行业用语时，应采用大多数人所熟悉的术语。

**3．文体知识**

通告是向社会各有关方面公布应当遵守或周知事项的下行公文。根据通告的内容和性质，通告可分为两种类型：

(1) 事项性通告(知照性通告)：行文机关或专业部门在一定范围内向单位和人民群众公布具体事项的通告，主要用于告知大家某件事情，如发生的新情况，出现的新事物，以及需要大家知道的新决定等。这类通告大都具有专业性和单一性，往往不具有法规性质，但

也有一定的约束力。各专业部门、社会团体和企事业单位等都可发布这类通告。

(2) 强制性通告(规定性通告)：用来向机关单位和个人公布应该在特定范围内严格遵守执行的规定和要求。这类通告中的规定和要求，大多是围绕着保证某个问题的解决或某一事项或活动的正常进行而制定的，如《清溪市人民政府关于坚持清理非法占道经营的通告》。

## 第三节 通报、通知

### 一、通报

#### 1. 案例导入

案例 1 表扬性通报

**国务院关于对“十一五”节能减排工作成绩突出的省级人民政府给予表扬的通报**

国发〔2011〕31 号

各省、自治区、直辖市人民政府，国务院各部委、各直属机构：

节约资源和保护环境是我们的基本国策。“十一五”时期，各地区、各部门认真贯彻落实党中央、国务院的决策部署，把节能减排工作作为调整经济结构、转变经济发展方式、推动科学发展的重要抓手和突破口，积极采取有效措施，节能减排工作取得了显著成效。经过各方面的共同努力，全国单位国内生产总值能耗下降 19.1%，二氧化硫、化学需氧量排放总量分别下降 14.29%和 12.45%，基本实现了“十一五”规划纲要确定的节能减排目标，为保持经济平稳较快发展提供了有力支撑，为实现“十二五”节能减排目标奠定了坚实基础，为应对全球气候变化作出了重要贡献。

省级人民政府是本地区开展节能减排工作的责任主体。为表扬先进，进一步推进节能减排工作，国务院决定，对“十一五”期间在节能工作中成绩突出的北京、天津、山西、内蒙古、吉林、江苏、山东、湖北等 8 省(区、市)人民政府，在减排工作中成绩突出的山东、江苏、广东、河南、浙江、辽宁、上海、陕西等 8 省(市)人民政府，予以通报表扬。希望受到表扬的地区以此为起点，珍惜荣誉，再接再厉，作出新的更大贡献。

各地区、各部门要按照国务院关于“十二五”节能减排工作的总体部署，深入贯彻落实科学发展观，不断增强全局意识、危机意识和责任意识，树立绿色、低碳发展理念，把建设资源节约型、环境友好型社会作为加快转变经济发展方式的重要着力点，进一步加大工作力度，确保实现“十二五”节能减排目标。

国 务 院

二〇一一年九月二十六日

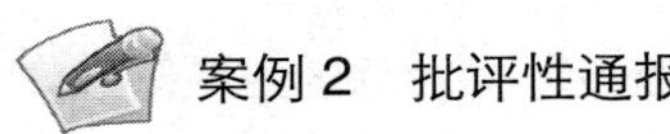

案例 2　批评性通报

# 国务院办公厅关于内蒙古自治区人民政府制止违规建设电站不力并酿成重大事故的通报

国办发〔2006〕55 号

各省、自治区、直辖市人民政府，国务院各部委、各直属机构：

2004 年以来，国务院多次要求各地区采取积极有效措施，坚决制止电站项目无序建设。但内蒙古自治区人民政府未能认真贯彻执行国家有关政策和规定，在制止违规建设电站方面工作不力，违规建设的丰镇市新丰电厂发生重大施工伤亡事故。为保证中央方针政策和宏观调控措施得到落实，增强宏观政策的公信力和执行力，防止类似事件再次发生，经国务院同意，现将有关情况通报如下：

一、经调查，内蒙古自治区违规建设电站情况十分严重，其规模高达 860 万千瓦。新丰电厂属于内蒙古自治区有关部门越权审批、有关企业违规突击抢建的项目之一。内蒙古自治区违规建设的有关电站项目被国家有关部门责令停止建设后，自治区人民政府没有按国家要求认真组织清理，有效加以制止，致使一些违规电站项目顶风抢建、边建边报、仓促施工，最终酿成 2005 年 7 月 8 日新丰电厂 6 死 8 伤的重大施工伤亡事故。同时，内蒙古自治区人民政府执行国家电力体制改革方案有偏差，允许专营电网的内蒙古电力(集团)有限责任公司建设新的电站项目，形成新的厂网不分。

二、新丰电厂违规建设并发生重大伤亡责任事故，是一起典型的漠视法纪、顶风违规并造成严重后果、影响极坏的事件。目前事故有关责任人和责任单位已受到党纪政纪处分，触犯法律的已由司法机关依法处理。国务院同时责成对项目违规建设负有领导责任的内蒙古自治区人民政府主席杨晶，副主席岳福洪、赵双连向国务院作出书面检查。

三、内蒙古自治区人民政府没有认真领会和严格执行国家宏观调控政策和电力体制改革规定，未从全局高度认识电站盲目布局、无序建设的危害性，对国家宏观调控的全局性、重要性和严肃性缺乏深刻认识，按程序办事的意识不强，这是内蒙古自治区违规建设电站总量较大、无序建设得不到有效制止的重要原因。为严肃政纪，现对内蒙古自治区人民政府予以通报批评，所有违规电站项目一律停止建设，认真进行整顿。内蒙古自治区人民政府要以此为鉴，提高认识，切实整改。

四、各地区、各部门都要从这起事件中吸取教训，引以为戒。要牢固树立和全面落实科学发展观，切实增强全局观念，认真贯彻中央各项宏观调控政策措施，坚决维护中央宏观调控的权威性，加强纪律，确保政令畅通。对有令不行、有禁不止并造成严重后果的行为，要依法依纪追究责任。

国务院办公厅

二〇〇六年八月十八日

案例 3　情况通报

## 宁波市电厂关于在全厂青年工人中开展“小改小革”活动情况的通报

宁电字〔2005〕87 号

各团支部:

为了更好地配合全厂“双增双节”活动，发挥青工在这项工作中的优势，也为提高我厂经济效益和产品科技含量做出贡献，充分发挥广大青工参与企业管理和技术进步的积极性，厂团委于今年上半年在全厂职工中开展了“小改小革”活动。

这项活动的重点是立足于本厂的各车间、班组、岗位，紧紧围绕提高产品质量，降低物耗，减少工时，提高设备利用率，提高管理水平等方面发挥职工的聪明才智。号召职工在改进工艺水平，改进工装等方面进行攻关。

据统计，上半年全厂职工完成小改小革项目 126 个，提出合理化建议 25 条。这项活动还将继续进行，望各团支部组织青工踊跃参加。

特此通报。

宁波电厂团委(章)
二〇〇五年十月二十日

---

**2．格式和写法**

通报一般由所通报事项的原由、事由、分析评价三部分组成。表彰和批评通报与事项性通报的写法稍有不同。具体为:

1) 表彰和批评通报

(1) 原由：表彰和批评通报有较长的通报开头，都要用几句话总括通报的核心内容。一般写事件的主要结果和对事件的总评价，或概括事件发生的背景、原因、目的、依据。而较短的事项性通报则无此内容。

(2) 事由：重点写清表彰或批评的主要人员、主要事实经过、情节、结果及有关数据。

(3) 分析评价：包括对事实进行实质性的分析评价，处理意见分析，以及从典型事例中应学习的经验和吸取的教训，由典型引申到普遍，最后针对现实提出一般性要求或号召。

要指出的是，这两类通报对事项的具体叙述较略，内容以议论为主，突出结论和对受文者的要求。

2) 事项性通报

事项性通报一般先写明所通报的情况，对主要情节进行客观叙述；然后写明发文机关的意见或要求(在对客观事实进行分析的基础上作出)。这类通报写法灵活，注重通报对开展工作的指导或提供参考的作用，有的可以不下结论，只以事实说明问题。

3) 注意事项

(1) 行文要及时。通报的时间性较强，写作要及时迅速，以指导当前工作。

(2) 事例要真实典型。通报数据应当是真人真事，不能有半点虚假，否则不但影响教育效果，还会损害发文单位的声誉。

(3) 通报的核心内容是在总结经验教训之后提出改进或防范要求。

3．文体知识

通报是党政机关或社会团体，将工作情况、经验教训以及具有典范、指导、教育、警戒意义的事件，通知所属下级单位的下行公文。《国家行政机关公文处理办法》规定：(通报)“适用于表彰先进，批评错误，传达重要精神或者情况”。

通报一般分为三类：表彰性通报、批评性通报、事项性通报。表彰性通报用于表彰先进人物和先进集体的事迹，总结成功的经验，宣传好的典型，树立榜样，推动工作，通常篇幅较长。批评性通报用于批评错误，通报事故或反面典型，归纳教训，教育他人引以为戒。事项性通报(情况通报)一般在传达情况、沟通消息、互通情报时使用，又分为专题通报和综合通报两种。

## 二、通知

1．案例导入

案例 1　批评性通知

### 国务院办公厅转发发展改革委财政部卫生部关于清理化解基层医疗卫生机构债务意见的通知

国办发〔2011〕32 号

各省、自治区、直辖市人民政府，国务院各部委、各直属机构：

发展改革委、财政部、卫生部《关于清理化解基层医疗卫生机构债务的意见》已经国务院同意，现转发给你们，请认真贯彻执行。

国务院办公厅

二〇一一年七月五日

附件：《关于清理化解基层医疗卫生机构债务的意见》(全文略)

案例 2　发布性通知

### 广东省人民政府办公厅关于发布《广东省国家机关公文处理实施细则》的通知

各市、县、自治县人民政府，省府直属各单位：

经省人民政府同意，现将《广东省国家行政机关公文处理实施细则》发给你们，请按照执行。

(广东省人民政府办公厅印)

二〇〇五年八月四日

案例 3　指示性通知

## 关于停止生产销售使用盐酸克仑特罗片剂的通知

国食药监办〔2011〕432 号

各省、自治区、直辖市食品药品监督管理局(药品监督管理局):

国家食品药品监督管理局再评价认为，盐酸克仑特罗片剂具有潜在滥用风险，临床价值有限，长期不合理使用可对患者心肺功能产生严重影响，在我国使用风险大于效益。

根据《药品管理法》第四十二条规定，国家食品药品监督管理局决定停止盐酸克仑特罗片剂在我国的生产、销售和使用，撤销药品批准证明文件。

请各省(区、市)食品药品监管部门立即将上述决定通知辖区内有关药品生产、经营、使用单位，并监督其遵照执行，已生产的药品由当地食品药品监督管理部门监督销毁。

国家食品药品监督管理局

二〇一一年九月二十三日

附件：撤销的盐酸克仑特罗片剂批准证明文件名单(略)

案例 4　知照性通知

## 国务院关于成立国家行政学院的通知

各省、自治县、直辖市人民政府，国务院各部委，各直属机构:

为了适应推行国家公务员制度和实施《国家公务员暂行条例》的需要，加强对高、中级国家公务员的培训，决定成立国家行政学院，为国务院直属事业单位。

国 务 院

一九九三年十月十六日

案例 5　会议通知

## 北京市药品监督管理局海淀分局<br>关于召开保健食品生产监管工作会议的通知

根据市局和海淀分局《2011 年保健食品生产企业日常监督管理工作计划》要求，结合海淀区保健食品生产企业监管工作实际，我局拟定于 2011 年 3 月 1 日在曙光办公中心召开保健食品生产监管工作会议，现将有关事宜通知如下:

一、会议地点：海淀区蓝靛厂西路一号曙光办公中心二楼 201 会议室。

二、会议时间：2011 年 3 月 1 日 9 时报到，9:30—11:30 开会。

三、会议内容：保化科通报 2010 年保健食品生产企业监管情况；保化科布置 2011 年保健食品生产企业监管工作重点；与会领导讲话；保健食品规范生产重点环节知识培训；会议小结。

四、参加人员：分局领导和保化科人员，各保健食品生产企业法定代表人(或负责人)及生产质量负责人，共约 160 人。

五、有关事项：请各有关单位按要求安排参会人员，参会人员要准时参加会议，遵守会议纪律，确保会议内容得到贯彻落实。

特此通知。

二〇一一年二月二十四日

案例 6　任免通知

## 关于×××等同志任免的通知

市交通局：

经研究决定：

任命×××同志为市交通局局长，免去其市科学技术委员会副主任职务。免去××同志市交通局局长职务，任命×××同志为市交通局副局长。

特此通知。

××市人民政府

二〇〇六年八月十日

---

### 2. 格式和写法

1) 批示性通知

批示性通知是指领导机关在批转下级机关的公文，或在转发上级机关、同级机关和不相隶属机关的公文时使用的，一般由标题、正文、附件三部分组成。批示作为被批转或转发公文的附件，与正文一起，构成一份新的完整的通知。

批示性通知只用全称标题，即发文机关 + 事由 + 文种，具体为：发文机关 + (批转、转发、印发) + 被发标题 + 通知，如《国务院批转证监会关于提高上市公司质量意见的通知》。正文一般包括转发机关对转发对象的基本态度和原则要求，其基本格式常常是“经×××同意，现将《××××》发给你们，请参照执行”的简短句式。除了要表明对所批转或转发的公文的意见或评价外，还要分情况表明批转、转发的目的，如要求下级机关“参考”、“参阅”、“参照执行”、“遵照办理”、“研究执行”、“认真贯彻执行”等。

2) 发布(颁布、印发)性通知

发布性通知是指发布行政法规和规章的通知。这类通知一般都比较简短，但它具有强制执行的权威性，而且还有法规性，要求有关部门和人员必须严格执行；如果违反，就要追究责任，严肃处理。其标题格式为发文机关 + 事由 + 文种(不能省略)，正文格式为发布依据 + 发布决定 + 执行要求。

3) 指示性通知(布置工作性通知)

指示性通知是指上级机关对下级交代工作、布置任务，而根据公文内容又不必用命令或指示时所用的通知。正文由缘由、事项、结尾三部分组成。缘由是指概括情况，交代背景，说明目的，或陈述理由，指出依据；事项是通知的中心内容，是下级机关应知、应办的事项，是工作的具体安排；结尾要求下级机关结合实际情况认真研究通知精神并抓好落实，最后加“特此通知”四字结束。

4) 知照性通知(一般事务性通知)

知照性通知，是指用于要求下级机关办理或者需要知道的有关事务性事宜，如庆祝某个节日，成立、调整、合并、撤销某个机构，启用印章，请下级机关报送有关材料等。

5) 会议通知

会议通知，是指上级机关召开比较重要的会议时，一般都要提前通知与会单位和人员，这时所发布的通知就是会议通知。其正文一般包括会议名称、主持单位、会议起止时间、地点、会议内容和任务、参会人员范围和人数、入场凭证、报到时间及地点、携带的材料和其他事项(如提前上报会议人员名单，要求预先告之乘坐的交通工具及车次、航班等)。

6) 任免通知

任免通知，是指上级机关按照干部管理权限任免下级机关的领导人，有关任免事项需要下级机关知道时，要发任免通知。其正文内容包括决定任免的时间、机关、会议或依据的文件、任免人员的姓名和具体职务。

**3. 文体知识**

通知是机关单位向特定的受文对象告知有关事项的公文。它适用于批转下级机关的公文，转发上级机关和不相隶属机关的公文，传达要求下级机关办理和需要有关单位周知或执行的事项。按内容划分，通知可分为批示性通知、发布性通知、指示性通知、知照性通知、会议通知、任免通知六种。通知的特点有：

(1) 功能的多样性。通知是党政机关公文中功能最多的文种。它可以用来发布法规规章、传达指示、批转转发文件、任免人员等。

(2) 运用的广泛性。通知是党政机关公文中使用频率最高、使用范围最广的文种。其广泛性体现在两个方面，即使用主体无论级别高低，内容无论巨细皆可使用通知。

(3) 办理的时效性。与其他公文相比，通知制发快捷、灵便，对时限要求最具体，也最严格，不能提前或拖后，必须在规定时间内完成。

## 第四节　报告、请示、批复、函

### 一、报告

**1. 案例导入**

案例 1　工作报告

**关于 2009—2010 年学校财务工作报告(节选)**

——在第二届教职工暨工会会员代表大会第二次会议上的报告

计划财务处处长　李××　(2010 年 12 月 31 日)

各位领导，各位代表、同志们：

我受学校领导委托，向大会报告 2009—2010 年学校财务工作，请各位代表审议，并请

特邀代表和列席代表提出意见。

## 一、2009年财务决算情况

(一) 2009年底资产负债情况

根据学校行政财务和基建财务决算统计，2009年底学校资产总额为93 481万元(其中固定资产43 979万元)，比上年总资产87 750万元增加5731万元，增长6.53%；负债总额为35 895万元，比上年负债总额35 957万元减少62万元，降低0.2%；资产负债率为38.4%，比上年资产负债率40.98%降低2.58%；净资产总额为57 586万元，比上年净资产总额51 792万元增加5794万元，增长11.2%。

(二) 2009年财务收入情况

2009年学校完成决算总收入19 425万元，比上年决算总收入17 214万元增加2211万元，增长12.8%。其中：

1. 财政拨款7055万元，占总收入的36.32%，……(略)。
2. 教育事业收入7443万元，占总收入的38.32%，……(略)。
3. 附属单位上缴收入4476万元，……(略)。
4. 其他收入451万元，占总收入的2.32%，比上年增加118万元，增长35.44%。

2009年学校除基建拨款外，财政拨款、教育事业收入、附属单位上缴收入和其他收入均实现增长，学校各项收入增长的原因主要为：

第一，"十一五"期间我省为贯彻"教育强省"战略，持续增加高等教育事业拨款……　(略)。

第二，应用技术学院招生人数和收费标准的提高……(略)。

第三，教育事业收入小幅增加468万元，增幅4.83%，主要是因为2009年招生人数和学校在校学生人数有小幅增长；其他收入增加118万元，主要是因为增加中央国债资金转拨款109万元，此外历年后勤留存利润也上交了学校。

(三) 2009年财务支出情况

2009年度实际支出15 480万元，比上年支出15 499万元减少19万元。其中：

1. 教育事业支出13 457万元，占总支出的86.93%，比上年增加318万元，增长2.42%。具体包括：

(1) 人员经费支出9399万元，……增长的主要原因是在职员工人均增加240元的生活补贴和离退休人员人均增加350元津贴以及对2008年追加津贴的补发。

(2) 公用经费支出4058万元，占教育事业经费支出的30.16%，比上年减少840万元，降低17.15%。公用支出降低的原因一是因为压缩预算支出，预算控制从紧；二是因为应用技术学院的公用支出分摊比重有所提高。

2. 结转自筹基建1871万元，占总支出的12.09%，比上年减少327万元，降低9.9%……(略)。

3. 国债转贷等支出为153万元。

近几年学校基本建设投入较大，每年的基建支出额只是增加了基建财务的"在建工程"累计余额，没有计入学校的总支出范畴，而是作为基建财务与学校行政财务的往来挂账。其中包括：① 新校区一期学生公寓回报金700万元；……；④ 南校区学生公寓土地回报金12万元。

综合考虑费用性支出和资本性支出，2009年我校日常支出总额16 709万元，实际日常结余为2716万元。

二、2010年学校经费预算情况

根据《××省教育厅关于编制2010年省级教育部门预算的通知》的精神，结合学校事业发展的需要，现就2010年学校经费预算情况作如下说明：

(一) 经费预算安排的基本思路

1. 坚持“统筹分配、量力而行、量入为出、综合平衡”的总原则，…… 合理安排经费预算。

2. 按照基本支出和项目支出，本着“一保吃饭，二要建设”的原则，…… 安排事业发展所需专项支出。

3. 2010年学校各部门预算经费安排从以下几个方面考虑：一是各部门经费预算以上年年初预算为基础，严格控制新增预算项目；二是严格控制机关处室的行政经费增长，……；五是保证“学费收入”的15%用于奖、助、贷、补、免等学生支出。

(二) 经费预算安排方案

1. 2010年度收入总预算。根据谨慎性原则，经测算，2010年度收入总预算为21 012万元。

(1) 财政拨款7413万元……。

(2) 教育事业收入……。

(3) 应用技术学院上缴……。

(4) 其他收入400万元。

2. 2010年支出总预算。经测算，2010年支出总预算为21 010万元。

(1) 工资性支出5618万元(另有660万元安排在应用技术学院)。

……

(8) 基本建设支出6042万元(其中包括：征地拆迁950万元、工程款960万元、学生公寓回报金1912万元和银行贷款利息2220万元)。

三、关于新校区建设投入情况

学校征地扩建校区项目自2002年10月经原省计委正式批准立项以来，得到了国务院、省、市有关部门的大力支持，并被确定为省重点工程项目。特别自2003年9月新校区建设指挥部成立以来，争取各方支持，新校区建设工作进展比较顺利，一期工程主体建设已完工。

现将新校区建设资金投入情况汇报如下：据统计，截止2009年10月底，新校区建设累计已投入资金61 858万元。主要为：

第一，征地拆迁补偿、上缴新增土地有偿使用费和耕地开垦费等19 153万元；

……；

第九，银行贷款利息9939万元。

新校区建设投入的资金来源为有银行贷款31 500万元、2002年以来的事业费收支结余和预算内基本建设投资。

四、财务运行绩效及财务工作面临的问题

(一) 财务运行绩效情况

过去的一年学校财务总体运行状况是良好的。主要表现在以下几个方面:

1. 办学规模不断扩大，经济发展势头良好。随着办学规模的扩大，财政拨款、学费收入都有较大幅度的提高。在加大了教学投入和教职工待遇稳步提高的基础上，连续三年学校事业费收支结余均超过了3000万元，经济状况保持良好的发展势头。

2. 加大了教学投入的力度，保证了教学工作的顺利开展。(略)

3. 促进了学科建设与科研工作稳步发展。(略)

(二) 面临的困难和问题

过去的一年，在学校党委的正确领导和各部门的大力支持下，全校教职员工共同努力，较好地完成了学校财务工作任务，为学校教育事业持续发展做出了贡献。同时我们也应该看到，当前学校财务工作还面临不少困难和问题:

1. 办学经费总量严重不足，办学经费来源单一，新校区建设、引进和培养人才、学科专业建设等需要大量的经费投入，学校资金压力大。特别是从2006年开始学费标准一直未变，学校事业收入增长有限，同时，学校人员经费支出增长加大。学校必须进行赤字预算，不得不向银行贷款弥补，相应增加了财务风险。

2. 财务管理有待进一步加强。一是财务监督力度不大，个别部门预算控制意识还不是很强，重争经费指标、轻管理效益的现象依然存在。二是收费行为不规范，有的部门没有严格执行收支两条线的规定。个别单位自立收费项目和收费标准，并且没有纳入学校财务管理，逃避财务监督。

五、今后在学校财务工作中关注的几个重点

随着办学规模的进一步扩大，高校财务管理的内涵与外延发生了很大变化，客观上对高校财务管理工作提出了更高的要求。为了促进学校事业全面协调可持续发展，我们对学校财务工作中存在的问题进行了认真分析，在今后的学校财务工作中应当重点关注:

(1) 进一步贯彻落实《关于“十一五”期间进一步加强高等学校财务管理工作若干意见》精神，高度重视和加强学校财务管理工作。(略)

(2) 加大增收节支力度，努力提高资金使用效益。

根据学校收入的主要来源渠道，为增加学校收入，建议：一要进一步争取上级主管部门的支持，……。支出管理方面，一要进一步加强预算管理，强化预算约束，维护预算的严肃性、权威性；二要加强项目支出管理，……提高资金使用效益。

(3) 银行贷款规模较大，存在一定的财务风险。(略)

各位代表、同志们，学校建设与发展任重而道远，虽然我们目前面临很多困难，但我们相信有学校党委和行政的正确领导，有各部门、各单位的大力支持，大家团结一心，继续坚持和发扬勤俭办学、艰苦奋斗的优良传统，积极开源节流，增收节支，多渠道筹措办学经费，强化财务管理和财务监督，求真务实，开拓创新，一定能够为学校事业发展做好财务保障!

案例 2　情况报告

## 福建中医学院五洲科技学院
## 关于学生普通公寓住宿费收费标准的报告

五洲综字〔2004〕14 号

省物价局：

我校普通公寓学生宿舍 2 号楼(原福建中医学院学生宿舍 2 号楼)，暑假已进行全面装修改造，并且每间宿舍还装有网络线、电话线、热水器等，按照教学成本核算的要求，经学院院务会讨论决定，新装修后的普通公寓学生宿舍 2 号楼，住宿费按 700 元/生·学年标准收费。根据《福建省社会力量办学收费管理有关问题的通知》(闽价[2001]费字 430 号)文件精神，特向贵局报备。

福建中医学院五洲科技学院

二〇〇四年七月二十二日

---

**2. 格式和写法**

不同内容性质的报告，写法不尽相同，但正文结构一般由报告原由、报告内容、报告结语三部分组成。

1) 工作报告

正文一般包括基本情况、主要成绩、经验体会、存在问题、基本教训、今后意见等部分。其篇幅较其他类型报告长，可分项陈述，也可列小标题分部分或分问题写。基本情况：需简要交待时间、背景和工作条件；主要成绩：要叙述清楚工作的过程、措施、结果和成绩；经验体会：对工作实践的理性认识，要从实际工作中概括出规律性的东西，以便指导工作；存在问题：要写出工作中的缺点与不足；基本教训：要分析工作失误的原因，反思值得吸取的教训；今后意见：提出改进工作的意见，或者提出今后开展工作的建议。

2) 情况报告

情况报告多数写成专题报告，其写法不强求千篇一律，但都要力求做到：

(1) 内容集中、单一，突出重点，抓住事物本质，实事求是地反映情况；

(2) 把情况和问题讲明白，把事情的经过、原委、结果、性质写清楚；

(3) 若要提出处理意见和建议，要写得具体、明确、简要，尤其要注意提出意见、建议的写作角度，不能在报告中夹带请示事项；

(4) 情况报告写作要及时，以便让上级机关和有关领导尽快了解重大、特殊、突发的种种新情况。

3) 建议报告

建议报告的内容一般比较集中，多写成专题报告。正文可分为情况分析和意见措施两部分。情况分析部分可介绍情况、分析问题，或者说明提出意见建议的目的、原因和依据。这部分一般写得较简明。意见措施部分是此类报告的写作重点，要求切合实际地提出做好某项工作的意见、措施、建议。这部分往往采取条文式写法，并且每条开头常有一个提示

句。多数建议报告是有待上级机关批转的，结语常用："以上报告如无不妥，请批准有关单位执行。"

4) 答复报告

答复报告的内容要注意针对性，有问必答，答其所问；表述要明确、具体，语言要准确、得体，不可含糊其辞、模棱两可。答复报告的正文包括答复依据和答复事项两部分。答复上级要求回答的问题，要写得十分简要，有时一两句话即可说明。答复事项是指针对所提问题答复的意见或处理结果，既要写得周全，又不能节外生枝，答非所问。答复报告的正文写法比较灵活，或先写依据，后一并答复；或边写依据，边逐一答复。

**3. 文体知识**

报告是用于向上级机关汇报工作、反映情况、提出意见或者建议、答复上级机关询问的上行性公文。报告具有陈述性和沟通性的特点。需要注意的是：报告不像请示必须回复，上级机关对报告可不必回复。

报告按内容，可分为：工作报告、情况报告、建议报告、答复报告、报送报告。这五种报告的具体含义为：① 工作报告是用于向上级汇报工作进程、反映工作问题、总结工作经验教训的报告；② 情况报告是用于反映工作中出现的重大情况或特殊情况，以及接办事项的处理情况的报告；③ 建议报告是用于有关职能部门就开展、改进或加强某项工作，向上级领导机关提出意见、建议的报告；④ 答复报告是用于答复上级机关的询问的报告；⑤ 报送报告是用于向上级机关说明报送有关文件、材料或物品情况的报告。按性质和写作特点，报告又可分为专题性报告和综合性报告。

## 二、请示

**1. 案例导入**

案例 1　请求批准

### 关于成立高新区依法治区工作领导小组的请示

高新区政法委：

为建立健全高新区普法、依法治区工作的组织机构和规章制度，推动高新区普法依法治理工作有序开展，建设优良的法制环境，为高新区扩张升级、倍增发展服务，建议成立高新区依法治区工作领导小组及设立办公室。

当否，请批示。

大庆高新技术产业开发区司法局

二〇一一年二月十一日

附件：高新区依法治区工作领导小组成员名单

普法依法治理领导小组成员单位职责分工

案例2　请求指示

## 海口市卫生局关于变更全市卫生工作会议召开时间的请示

市政府:

根据市领导指示，原定于2月18下午召开的全市卫生工作会议，时间由下午变更为上午。现将变更后的会议方案呈上。

妥否，请批示。

海口市卫生局办公室

二〇一一年二月十四日

附件:《2011年全市卫生工作会议方案》

案例3　请求批转

## 关于举办第九届“金秋崇华”社区文化节的请示

区政府:

为推进崇华区深度城市化发展步伐，提升文化软实力，营造社区温馨氛围，丰富群众文化生活，提高社区居民文明素质，拟定于2011年9月23日~10月28日，在全区举办第九届“金秋崇华”社区文化节。本届社区文化节以建党90周年为契机，以“精彩生活、欢乐崇华”为主题，热情讴歌改革开放以来崇华经济社会发展的巨大成果，充分表现社区生活的崭新面貌。

以上请示如无不妥，请批转各镇、街道、工业区和相关委办局。

崇华区文化广播影视管理局

二〇一一年八月二十九日

附:《第九届“金秋崇华”社区文化节的实施意见》

---

**2．格式和写法**

各类请示的写法基本一致，一般都是由标题、请示机关、正文、结语、落款五部分组成的，具体如下:

(1) 标题。标题由发文机关、事由和文种构成，如《东湖市海棠区人民政府关于解决优质西瓜生产基地建设资金的请示》，不能写成“请示报告”或“申请”。标题中的事由要明确，语言要简明。

(2) 请示机关。请示机关一般只写一个主送机关，如需同时递送其他机关，应当用抄送形式写明。受双重领导的机关向上级机关请示时，应当写明主送机关和抄送机关，由主送机关负责答复。

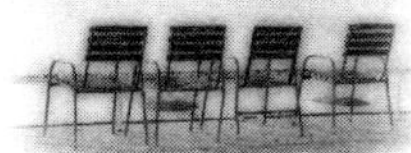

(3) 正文。请示正文一般由请示原因、请示事项和请示结语三部分组成。

请示原因应简明扼要而又充分地陈述请示的原因、依据，这部分是为请示事项做铺垫的。简要不意味着简单化，必须讲清情况，不能笼统、含糊，也不能夸大事实。

请示事项是请示的重点，是请求上级机关给予指示、批复、答复的具体事项。内容要具体，所提建议和要求要切实可行；用语要明确肯定，不能含糊其辞；若内容多，可分条列项；语气要得体，一般应写“拟”怎么办，而不能写“决定”怎么办。

(4) 结语和落款。结语常用“妥否，请批复”、“特此请示，请予批示”、“请批准”、“请指示”等惯用语。若是请求批转的请示，则以“以上请示如无不妥，请批转各地执行”等语作结束。落款要写明发文机关和具体成文时间。

(5) 注意事项：

① 内容力求单一，应一文一事。切忌把互不相关的事写在一件请示里，使上级机关难于批复，以致影响工作。

② 请示机关应单一，不得多头请示，各级行政机关一般不得越级请示。因特殊情况必须越级请示的，应当抄送被越过的一级机关。除领导者直接交办的事项外，请示不要直接递送领导者个人。

③ 内容结构要条理清楚，逻辑性要强，语言要简明扼要。行文的语气要具有尊敬、请示、慎重、严肃的特色，既尊重上级，又实事求是。

④ 注意与报告的区别，不要用“请示报告”这样的标题行文。

**3．文体知识**

请示适用于向上级机关请求指示、批准。凡是下级机关无权解决、无力解决以及按规定应经上级决断的问题，必须正式行文向上级机关请示。请示具有请求性和单一性特点。

请示的作用：对本单位的职权所无法解决的问题，请求领导批准；对难于掌握其政策方针尺度的重大问题，请求领导作出指示；对无法处理的重大问题，为求得办法和依据，请求领导给予指示；本单位在工作中遇到了经费、人员等方面的困难，请求领导给以帮助和支持等。根据请示的内容和目的不同，可以将其分为三类：请求指示的请示、请求批准的请示、请求批转的请示。

## 三、批复

**1．案例导入**

### 国务院关于同意建立烟花爆竹安全监管部际联席会议制度的批复

国函〔2011〕50号

安全监管总局：

你局《关于建立烟花爆竹安全监管部际联席会议制度的请示》(安监总管三〔2011〕35号)收悉。现批复如下：

同意建立由安全监管总局牵头的烟花爆竹安全监管部际联席会议制度。联席会议不刻制印章，不正式行文，请按照国务院有关文件精神认真组织开展工作。

特此批复。

国务院

二〇一一年五月三日

附件：《烟花爆竹安全监管部际联席会议制度》

---

**2．格式和写法**

批复是由标题、正文、落款三部分组成的。

1) 标题

批复的标题一般由事由和文种名称构成。此外，还可把主送机关写进标题，如《国务院办公厅关于珠海特区私人建房问题给广东省人民政府办公厅并福建省人民政府办公厅的批复》。

2) 正文

批复的正文包括引语、事项和结语三部分。引语必须在正文开头引述来文的标题、文号，简练概括请示的内容，如：“你省×月×日《关于××的请示》收悉”。事项，是指针对请示中提出的问题，做出明确具体的答复；必要时要简要陈述原请示的主要内容后才表态，不能只笼统地写上“同意你们的意见”；不同意所请示事项的批复除表明态度外，必须写明不同意的理由。若以有关的法令、法规、文件规定为依据答复问题时，应写明引据出处，注明发文时间、文号、标题，以备执行中查考。结语，可用“此复”、“特此批复”、“特此批复，请照此办理(执行)”等。

3) 落款

落款要写明发文机关、成文时间。

4) 注意事项

批复要坚持一请示一批复的原则；要紧扣请示事项明确表态，不可含糊其词，模棱两可，也不可答非所请；批复要及时。

**3．文体知识**

批复是适用于答复下级机关请示事项的下行文书。批复是批准下级机关进行某项工作，对重大问题的处理提供政策依据的文书，因此批复具有答复性，同时又具有指示性。

批复具有三个特点：

(1) 针对性。批复是针对下级机关呈报的请示行文，针对下级来文的请示事项作出答复，因此它属于被动性行文。

(2) 权威性。它对下级请示的某项工作作出指示，提出处理办法，对受文单位有明显的约束力，涉及重要事项或重大问题的批复，往往具有法规作用或指令性作用。

(3) 鲜明性。批复中对下级请示事项的答复，应态度鲜明，观点明确，语言简洁明了，不能模棱两可，含糊其词，使下级无所适从。

## 四、函

### 1. 案例导入

案例1　商洽交流函

**宏源公司关于选派技术人员进修的函**

东海大学：

我公司属于新建公司，为提高公司专业人员的业务水平和科研能力，经研究决定选派×××、×××、×××三位同志分别到你校中文系、计算机系、外语系进修一年，进修费用按国家规定的标准，由公司财务科统一一次付清。

可否，盼复。

宏源公司

二〇一〇年四月十五日

附件：选派人员的人员情况登记表(略)

案例2　咨询答复函

**关于《关于提请解释"中小学校周围200米"的函》的复函**

沪府法〔2000〕48号

市文广影视局：

贵局《关于提请解释"中小学校周围200米"的函》收悉。经与有关部门协商，并请示市领导，对"中小学校周围200米"的界定问题，现答复如下：

"中小学校周围200米"是指，从学校校门至游戏机或游艺机房门口符合交通规则行走的最近距离200米。其中，在学校门口道路对面开设的电子游戏经营场所，道路中间没有隔离栏的，应当按照校门至游戏机或者游艺机房门口的直线距离计算。

以上内容，可以你局名义对外予以解释，并按照执行。

特此函复。

上海市人民政府法制办公室

二〇〇〇年十二月五日

### 2. 格式和写法

函一般由标题、正文、落款三部分组成。

1) 标题

函的标题可按公文的一般要求写。若是去函，标题中文种只写"函"；若是复函，则写明"复函"。

2) 正文

这是函的主体部分，不同类型的函写法稍有不同。商洽函、询答函的去函，要把商洽的原委、询问的问题、告知的情况等，写得清楚简明，以便得到对方的支持、理解或回答。

若是复函，要先在开头引用来函的标题和发文字号，如："你单位九月七日《关于合作交流的函》收悉"或"贵部税字〔2003〕23 号来函收悉"，然后针对来函询问的问题、商洽的工作给予明确答复，以示互相支持或认真负责。请求批准函和批准函的正文，与请示、批复的正文写法大致相似。正文结尾处要恰当运用习惯用语，如去函一般用"特此函告"、"请即函复"等。请求批准函的结尾，要写上"请批准"、"请予审批"之类结语，以示对受文单位的尊重。复函用"特此函复"、"此复"等。有的也可不写结尾语。

3) 落款

落款要写明发文机关和具体成文时间。

4) 写作要求

(1) 必须遵循一函一事的原则。

(2) 注意请求批准函与请示、批复的行文对象的不同。请示、批复的主送机关和发文机关应有上、下级的隶属关系，而请求批准函的行文对象则是不相隶属的有关主管部门。在实际工作中，这类函常常误用为请示、批复，应注意区别。

(3) 函的用语应简练准确，态度要恳切，言语要得体有分寸，对不同的行文对象要采用不同的语气。函是在不相隶属的机关之间为公务交往而使用的文书，在写作时务必注意语气、用词等方面的礼貌性和尊重感，这样有利于工作的开展。

**3. 文体知识**

函是不相隶属的机关之间相互商洽工作、询问和答复问题、请求批准和答复审批事项等的公文。函是公文中的轻武器，它行文方向灵活，形式简短，使用方便，因此使用范围广、频率高。

根据使用需要，函可分为公函和便函两种形式；按照行文方向，函可分为去函和复函。去函也叫来函，是指主动发出的函；复函则是用来回答来函所提出的问题，是被动发出的函件。

从内容来看，函可分为三种：

(1) 商洽工作函：用于平行机关之间和不相隶属机关之间商洽工作、联系有关事宜的函，如商调干部、联系参观学习、洽谈业务工作等。

(2) 询问、答复函：用于机关之间互相询问答复有关具体问题的函，如上下级机关之间问答某个具体问题，联系、告知或处理某项具体工作等。

(3) 请求批准函：是指向平级的或不相隶属的有关主管部门请求批准的函。

## 第五节　会 议 纪 要

**1. 案例导入**

案例 1

### 第 12 次区政府常务会议纪要

2007 年 9 月 4 日下午，区政府召开第 12 次常务会议。主要研究以下议题：

一、会议研究并原则同意关于本区产品质量和食品安全专项整治行动方案的汇报。会

议指出当前开展这项工作十分重要和必要，同时由于工作时间紧、任务重、要求高、牵涉面广、基础薄弱，要进一步完善行动方案(增加对豆制品的整治等内容)，加强人员和经费保障。会议要求：一是要提高思想认识，不能简单认为这是一次临时性工作措施，要从国家和青浦的发展大局、从关注民生的高度加以重视并树立常态管理意识；二是要明确工作责任，特别是重点区域的街镇要切实负起责任；三是要加强培训和宣传，学透国务院 503 号令和相关法律法规，充分发挥媒体作用，营造良好的舆论氛围；四是要突出区域特点，抓好整治重点；五是要措施到位，在法律框架下形成综合执法优势。

二、会议研究并原则同意关于加强村级河道保洁工作的实施意见。会议要求在实施意见中要进一步明确专职管理员选聘的办法，水务局要把好面试审核关。

三、会议研究并原则同意关于 2007 年度水务行业万人就业工作实施方案。会议指出这既是重视和加强环境保护的需要，也是推进新农村建设、解决民生问题的重要举措。会议要求原则上可优先录用本轮精简的有就业意愿的财政供养人员。

四、会议听取了关于中纺城有关问题的汇报。会议明确了：

(一) 中纺城功能继续保留。

(二) 维持现状，盈港路以北地块为产业区，以南地块为生活管理配套区。

(三) 在工业园区另外规划一块地块作为中纺城的拓展区和补充用地，享受中纺城的统一政策。

五、会议听取了关于区中医院加入上海市龙华中医医院集团的请示的汇报。会议原则同意该请示。会议指出这是一件好事，有利于提升区中医院实力和水平，但好事要办好，事先要充分与各方面进行沟通，同时要做好宣传工作。

六、会议听取了关于地铁 2 号线诸光路站点规划建设前期工作的请示的汇报。会议原则同意该请示。会议指出这是事关青浦未来社会经济发展十分重大的事项。

七、会议听取了关于青浦公安消防支队士官战备执勤岗位补贴的有关事项的汇报。会议原则同意人事局处理建议，按照一级士官 300 元/月，二级士官 400 元/月，三级士官 500 元/月的标准对我区公安消防支队士官实施战备执勤岗位补贴。

八、会议听取了关于区固体废弃物综合处置项目调整方案的汇报。会议原则同意按方案三调整渗滤液处理建设方案。会议指出，由于国家环保总局即将颁发新的固体废弃物综合处理渗滤液处理标准，鉴于我区生活垃圾处理厂的建设现状，决定按照国家环保总局有关最新技术标准一步建设到位。会议要求相关职能部门要立即就方案调整后所涉及的总投资和运行成本增加、工期延长以及前期工程损失等问题进行研究，其中对于已建污水管道可作为应急备用管道或常态纳污管道的提议，会议建议由水务局参与研究和制定相关方案。

九、会议通报了其他有关工作。

青浦区人民政府办公室<br>二〇〇七年九月十日

案例 2

## 《旅行社条例》专题研讨会纪要

我所最近接到部分国际旅行社反映，在贯彻实施新版《旅行社条例》的过程中遇到了一些问题，希望行业主管单位能帮助企业及早研究解决方案。为了更好地解决这些问题，更好地规范出境旅游。我所于7月22日下午至23日上午(星期三、星期四)在奉贤华凯乡村体育俱乐部召开了出境游相关问题专题研讨会。

本次研讨会由上海市旅游质量监督所副所长×××主持，参加人员为市旅游质监所工作人员、上海市各大国际旅行社出境部负责人和质监人员。此外还特邀市旅游协会副秘书长×××、市旅游局法律顾问×××律师及《旅游时报》记者出席。本次研讨会引起了各大旅行社的关注和重视，他们在会议前均纷纷将出境游中遇到的问题汇总传真至我所。

研讨会首先对国际旅行社提出的问题进行了讨论，各大国际旅行社畅所欲言，提出了各自应对问题的办法和措施。诸如：住宿酒店的星级问题、行程变更的责任认定、景点游览时间的约定、购物点的界定等。各国际旅行社都提出了自己的看法和建议，供与会者参考和借鉴。随后，各国际旅行社对我所拟定的《规范签订合同的要求》、《旅游用餐安排的要求》、《旅游住宿的要求》、《旅游购物的要求》及《旅游娱乐自费项目的要求》提出了意见和看法。最后由律师从法律的角度对旅行社提出的建议和措施进行了指导。

本次研讨会受到了各国际旅行社的热烈欢迎。参加研讨会的国际旅行社有31家，参会人数为43人。到会的国际旅行社均表示会借鉴和学习彼此的经验，共同规范出境游市场，繁荣旅游行业。

上海市旅游质量监督所

2009年7月22日

---

**2．格式和写法**

会议纪要的结构是由标题、成文日期、正文三部分组成的。

会议纪要的标题一般有三种写法：一种是会议名称＋文种名称，如《第12次区政府常务会议纪要》；一种是事由＋文种名称，如《关于研究黑龙江平原农业开发问题的会议纪要》；还有一种是正副标题法，即其正题是概括会议内容和主题意义，副题采用一般会议纪要的写法，这种标题一般在较大型的公布性的会议纪要中使用较多，如《对比反映差距，差距说明潜力——××市六个棉纺厂厂长座谈纪要》。

会议纪要的正文一般包括会议情况的概述和会谈内容的摘要。会议情况的概述是前言部分，交代会议的召开单位、时间、地点、参加者(出席与列席人员或范围)及主要议程；有的还要交代召开会议的动因和目的，主要领导同志在会上的活动，以及会议所产生的意义与作用等。会议内容的摘要是纪要的主体，主要写会议研究或讨论问题的情况和结果。

需要指出的是，上述是会议纪要的一般写法，具体到不同类别的会议纪要时，除了正文开头部分有些相似外，其主体部分的写法仍有些变化，具体有：

(1) 常规工作性会议纪要：前言简要说明会议目的和指导思想，主体部分则逐一将会议所议事项列写出来。根据会议情况，决定是否需要专门的结尾。

(2) 办公会纪要：要写明研究的工作、作出的决定、布置的任务以及将采取的措施等。若会议涉及的内容较多，这部分可采用条款式写法，分条列项、简明扼要、严谨有序地写明会议议定的事项。若事项比较单一，这部分可采用概述式写法。

(3) 专题工作会议纪要和座谈会纪要：前言可以写会议召开的背景和对当时形势的简

要分析、估计。主体要写：会议的指导思想和议题；会议报告、讲话的主要精神要点，对会议议题的讨论情况和与会者的反映；会议形成的共识和会上提出的意见、建议，以及贯彻会议精神的要求。这部分可以采取概述式写法概括地、综合地反映会议主要精神和基本内容；也可采用决议式写法，用分条、分部分或列小标题的形式写明会议讨论的问题、研究的工作、形成的意见以及作出的决定等；也可采用发言记录式的写法，对与会者的发言择其要点，归纳整理后，分类摘要记录。

会议纪要的写作需要注意以下两个方面：

(1) 内容要真实、准确、全面地反映会议情况和会议精神。写前广泛搜集会议材料，全面掌握会议情况，对材料进行正确分类和筛选。

(2) 篇幅不宜过长，要抓住要点，语言要简明扼要。叙述中可以适当引用与会者的发言，以增强真实性、生动性，但不能用第一人称而要用第三人称做叙述，如“会议认为”、“会议指出”、“会议强调”、“会议号召”等。

**3. 文体知识**

会议纪要是记载、传达会议情况和议定事项的实录性公文。主要作用是将会议的主要内容、事项、决议、发言要点等经过整理概括后，将具有重大或重要意义的部分加以传达。

其特点有：

(1) 内容的纪实性。会议纪要是在会议后期或者会后，根据会议记录和各种会议材料整理而成的，注重真实、客观、准确、全面地反映会议情况和会议精神，不能随意深化、拔高。

(2) 表述的纪要性。它不像会议记录那样对发言和内容进行逐一记载，而是对会议进行择要归纳。

(3) 作用的限定性。它只对与会单位、与会人员有约束力，要求他们共同遵守、执行会议议定事项。

按工作性质分，会议纪要可分为常规工作性的和非常规工作性的两类。根据会议性质的不同，会议纪要又可以分为办公会议纪要、专题工作会议纪要、座谈会纪要三种类别。办公会议纪要用以传达机关、单位召开的办公会议研究的工作、议定的事项和布置的任务，要求单位的有关方面、有关人员共同遵守、执行。专题工作会议纪要则用于反映专题工作会议的精神和情况。座谈会纪要主要用于反映座谈会情况。

## 行政公文实务训练

(一) 为下列公文标题填写恰当的公文文种名称。

1. 天津市人民政府关于成功举办世乒赛的__________。
2. 东海大学关于给予李飞龙警告处分的__________。
3. 国务院办公厅关于发布《行政机关公文处理办法》的__________。
4. 青州市旅游局申请办公经费的__________。
5. 河西省财政厅关于同意给农业厅拨款购置办公用品的__________。
6. 中华人民共和国公安部关于登机前安全检查的__________。

7. 东水地区交通局关于几起重大交通事故的__________。

8. 中央军委关于授予杨立伟“航天英雄”荣誉称号的_________。

9. 东州市税务局关于召开税收工作联席会议的_________。

10. 硅酸盐研究所关于要求增加人员编制的_________。

(二) 根据内容提示，拟写公文标题。

1. 华美物业管理总公司海鑫分公司物业管理员王磊恪尽职守，智擒盗贼，保护了业主的人身与财产安全，总公司发文表彰他的事迹。

2. 海纳化学品有限公司向东海市环保局报送《2009—2010 年度污水达标整改情况报告》，请审批。

3. 海通职业学院办公室发文给海星科技集团市场部经理办公室，协商市场营销专业毕业生去该公司实习的有关事项。

4. 山东省教委招生办公室召开一次 2009 年高等院校招生会议，会后要下发一份会议文件。

5. 对本市图书馆申请拨款购买图书的来文，东海市财政局回文，批准对方的请求。

6. 文光集团总部因市政改造工程征地动迁新址，特在报纸上发布消息以告知各界。

7. 华宇大学为了整顿学校的教学秩序特发文做出具体规定，要求全校师生周知并遵守。

8. 东风商务集团对西海分公司干部竞聘上岗制发公文。

(三) 阅读分析：试指出以下公文格式和语言表达上的毛病。

**市 府 公 文**　　　　(紧急)

(03) 市府发 24 号

---

**东海市人民政府严厉打击非法出版活动的通知**

当前，我市一些地方非法出版活动十分猖獗，传播有害书刊和音像制品。这类出版物内容腐朽，大量宣传凶杀、色情和迷信，对群众特别是青少年的身心健康危害极大，严重地影响了社会主义精神文明的建设，破坏了社会安定，已成为社会一大公害。对此，各级政府应采取有力措施，严厉打击非法出版活动。现将有关事项通知如下。(以下省略)

---

附件：(略)　　　　东海市人民政府

主题词：出版，通知　　　　2003 年 9 月 18 日

---

报：国务院、国家新闻出版总署、文化部

送：东海市莲花区教育局、东海市税务局、东海市高级人民法院

---

二零零三年玖月二拾日　　　　东海市人民政府办公厅(共印 400 份)

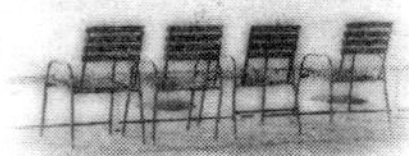

(四) 请指出下图格式上的错误。

0000001<br>
机密

吉林市人民政府文件<br>
吉政发(1995)003号

吉林市人民政府<br>
关于×××××的通知

×××××：

××××××××××××××××××××××××××××××××××××××××××××××××××××

注释：1、××××××××<br>
2、××××××××

吉林市人民政府(印)一九九五年一月十二日

附件：×××<br>
×××<br>
抄送：××××××××

主题词：××××××××××

吉林市人民政府办公厅秘书处 ××××年×月×日印发

(五) 公文制作练习。

公文有一定的体式，请根据下列内容撰写公文，并设计出文件的版面，把撰写的公文写入其中。要求按规范的公文格式撰写，包括眉首、主体、版记部分，内容可以虚拟。

海华省人民政府接到《国务院关于进一步加快旅游业发展的通知》(国发〔2003〕28号)，拟将此文转发给各市人民政府及省直属各单位，请代海华省人民政府撰写这份公文。

(六) 阅读下列一则公告及其修改稿，体会公告的格式和写法。

**中共中央、全国人大常委会、国务院**
**关于宋庆龄副委员长病情的公告**

**（第 一 号）**
**一九八一年五月十五日**

宋庆龄副委员长患冠心病及慢性淋巴性白血病，经多方治疗，未见好转。曾多次出现发热、呼吸困难、心跳加快等症状。五月十四日晚，突发寒高热，热度达摄氏四十点二度，伴有严重心力衰竭。目前病情危急，正在积极抢救治疗。

**评析：**这篇公告的内容和文种都符合要求，存在的毛病在语言方面。文意不顺、用词不准，有的文字是多余的。应修改这几个方面：① 把原文第一句“经多方治疗，未见好转”移到第二句“心跳加快等症状”之后，文意会更顺畅。② 将第三句中“热度”一词改为“体温”这一常见的生理学术语。③ 最后一句的“病情危急”是多余的，因为前面已具体写出病情，读者自会判断；“治疗”一词也可删去，因为“抢救”已经表明这个意思；全句若改为“目前正在抢救之中”，则语句更精炼，文意更紧凑。

修改稿为：

**中共中央、全国人大常委会、国务院**
**关于宋庆龄副委员长病情的公告**

（第　一　号）

宋庆龄副委员长患冠心病及慢性淋巴性白血病，近期多次出现发热、呼吸困难、心跳加快等症状，经多方治疗，未见好转。五月十四日晚，突发寒高热，体温达摄氏四十点二度，伴有严重心力衰竭。目前正在积极抢救之中。

一九八一年五月十五日

(七) 请指出下列一则公文存在的问题并对其进行修改。

**中国建设银行天津市分行停业公告**

敬告广大客户：

我行进行计算机系统升级改造工作，定于 2004 年 1 月 9 日 12:00～2004 年 1 月 12 日 9:00 停止对外营业，2004 年 1 月 12 日 9:00 以后正常营业。

现将具体事项公告如下，请广大客户提前安排有关事宜。

1 月 9 日 12:00～1 月 12 日 9:00，我行所有营业网点停止对外营业(包括各储蓄所、分理处、营业部、房改网点)。

我行所属 ATM(自动提款机)、CDM(自动存款机)等自助终端停止对外营业。

1 月 9 日 12:00～1 月 12 日 9:00，天津大学校园卡业务停止对外营业。

1 月 9 日 15:00～1 月 12 日 9:00，我行电话银行业务、网上银行业务、重要客户系统、个人外汇买卖业务、POS 消费业务、银证通及银证转账业务、证券业务、银行卡跨行交易业务、龙卡异地存取款及消费业务、企业银行业务均停止对外营业。

1 月 12 日 9:00 以后正常对外营业。

以上为我行停业具体安排事项，对于在此期间给您带来的不便，我行深表歉意，同时感谢您对我们的理解和对我行工作的大力支持！

此致

敬礼！

中国建设银行天津市分行

(八) 请根据下面的内容，拟写一份公告。

第 12 届北京市运动会和第 11 届世界青年田径锦标赛的开幕式将分别于 2006 年 7 月 22 日和 8 月 15 日在朝阳体育中心举行。北京市政府决定在这两个开幕式的文艺节目表演期间燃放烟花。如果你是北京市政府办公厅的秘书，请依据《北京市烟花爆竹安全管理规定》，以北京市政府的名义，向海内外发一份公告。

(九) 请指出下列一则通告存在的问题。

### 金牛五金厂关于加强安全保卫工作的通告

近来，我厂连续发生盗窃、斗殴和小型失火事故。有数位职工被歹徒打伤，财物损失数万元，为保证工厂的正常生产秩序，特作如下公告：

一、凡是本厂职工进入厂门，均要佩带厂徽标志，否则作违反厂纪处理，扣发奖金。

二、外来人员进入工厂时，必须持所属单位介绍信或证件登记，出厂时，应接受行李物品，甚至搜身检查。

三、来客投宿，有关人员应报厂保卫科批准。在此期间，如厂内发生盗窃、失火事故，来客不准离开工厂，并要集中接受审查。

四、厂内职工离开车间或办公室，应关好门窗，以防小盗破门而入。

本通告自二○○九年二月八日生效。凡自觉执行本通告的给予表彰，拒不执行者予以经济处罚或行政处分。

二○○九年二月一日

(十) 请根据以下材料所提供的情景，拟写一份通告。

东海市大型商贸洽谈会定于二○○八年五月九日在海通会展中心举办。本次洽谈会是经过市人民政府批准的，市政府指示要保证会展中心周边的交通畅通和群众安全，要求市公安局尽快制发一份通告。洽谈会期间，榆林北路、天水西路每天上午9时至下午5时禁止车辆通行，下午5时至次日9时，非机动车可以通行，特殊情况经允许的除外。

(十一) 下面一则通报存在许多问题，请运用通报的有关知识加以修改。

### 关于李强的通报

各系、处、室，各班级：

我院09级计算机班学生李强，2009年11月30日中午到学校食堂吃饭的时候，看到排队打饭的人多，就要强行插队打饭，有同学劝他要遵守纪律时，他还大声说："关你屁事！"一位管理员走过来阻止他，他不管三七二十一，拿起不锈钢餐具打在纠察队员头上，致使那位纠察队员头部受伤。李强的行为引起在场的其他同学的公愤，有人甚至叫嚷要把他拉到派出所关押起来。

据查，李强平时学习也不刻苦，上学期期末考试有一科仅得61分。

经院领导研究决定，给予李强记大过一次的处分。

希望广大同学以此为戒，努力学习，争取在学年考试中取得好成绩。

东华职业技术学院

2010年5月20日

(十二) 请根据以下材料所提供的情景，拟写一份通报。

2009年12月14日早晨，北京华元科技大学校区第八宿舍楼发生火灾。事情经过是这样的：619寝室的女生何梅，前一天晚上用"热得快"烧水，但是因该晚突然停电，她只好从水壶中拔下"热得快"放到床上，但忘了切断电源。早晨，她醒来后发现床上的"热得快"已经将床铺引着，惊慌之下，四处敲门喊醒其他寝室的学生。由于她逃生时打开了寝室的门，导致通风后火势更加猛烈。结果，因室内火势过大，4名女大学生从6楼寝室阳台跳楼逃生，不幸造成不同程度的骨骼损伤。消防官兵来了后发现：宿舍楼共有3个通道，其中一个被胶合板钉死，他们打开通道，将学生转移并扑灭大火。

此次火灾给学校师生带来了重大的人身财产伤害和深刻教训。为了杜绝此类事件再次发生，并进一步加强全校师生和员工的消防安全教育，该校校长办公室决定给火灾的直接导致者何梅同学以留校察看处分，并在全校通报批评。假设你是校长办公室的秘书，请你以校长的名义代拟一份通报。

(十三) 根据下述内容拟写一份通知，标题、发文字号、收文机关按情况虚拟。

东州省统计局决定于2005年10月8日在东海市鑫阳宾馆召开全省统计工作会议，研究2006年全省国民经济发展情况。请省属各市(县)统计局派负责相关方面工作的干部1至2名参加，并带上收集、整理好的书面报告材料。

(十四) 仔细阅读下面一则通知，请指出其中的错误，然后加以修改。

**旅游部关于成立摄影小组的通知**

我部成立一个摄影小组，目的是为了更好地配合五讲四美活动，丰富我们的业余文化生活，培养我们的情操，有利于我们提高观察生活的能力，从生活中挖掘出美的事物，使我们更加热爱我们的社会主义祖国。

本小组将聘请专业或业余摄影家来讲学，在一、二年内本小组成员除了能掌握摄影基本知识外，还能学会在拍摄过程中常用的知识；如追随法、逆光摄影法、高调摄影等，在冲洗照片过程中常用的：如冲洗技术，多次曝光叠加成像，修改底片等方法。待初步掌握了这些技能以后，我们还将出外采访，从而更好地深入实际，了解社会，还将尽可能地游历祖国名山大川，拍出有浓郁的生活气息和绮丽风光的艺术照片，并举办学员作品展览，评出优秀作品，对作者予以适当奖励，结业时，凡掌握了所学内容者，都发给毕业证书，并赠送纪念品。总之，凡加入本小组的同志，只要认真学习，虚心请教，互相交流，取长补短，切磋技艺，都会在摄影技术上取得很大进步，成为祖国有用的人才。

凡是对摄影有爱好的同志，可以自愿报名参加，要自带照像机，有摄影作品的同志最好交上来，以供录取时参考。活动时间每星期二、四下午，报名处在××部办公厅203室，报名时交一张一寸照片，报名时间5月1日~5月10日，过期不再补报。有关各项要求望及时发给各党支部给予传达，尽快将名单报上来。

摄影是一门艺术，它会使我们的生活更加充实，激发我们对祖国的爱和为祖国献身的勇气，望大家踊跃参加。

旅游部办公厅

一九九九年四月二十日

(十五) 下面这则报告的行文格式、内容表达上有多处不妥，请将其改写为一份规范、妥贴的报告。

**关于请求购买东风牌卡车的报告**

省科技厅办公厅、省劳动局：

几年来，我分所在党的路线、方针、政策的指引下，在省委、省政府的正确领导下，在

厅局党组的热心指导下，工作任务一年完成得比一年好。从去年以来，科研运输任务越来越重，看来急需要购置 2～3 辆东风牌卡车。

目前，分所只有一辆解放牌卡车，经常出故障，影响科研运输任务的完成。今年分所科研运输任务要比去年增加两倍。仅有这辆旧卡车，实在不能完成今年的运输任务。另外，增加卡车，还可以安排几个待业青年，这样也有利于为了解决我所职工的后顾之忧创造条件。请劳动局同时下达几个劳动就业的指标为盼。

上述意见如有不当，请批示。

汽车研究所农机分所

徐海风(所长)

二〇〇八年 3 月 23 日

(十六) 根据下面提供的材料，请以东海市商业局的名义向东州省商业厅起草一份报告。

(1) 19××年 2 月 20 日上午 9 点 20 分，××市××百货大楼发生重大火灾事故。

(2) 事故后果：未造成人员伤亡，但烧毁三层楼房一幢及大部分商品，直接经济损失 792 万元。

(3) 施救情况：事故发生后，市消防队出动 15 辆消防车，经 4 个小时扑救，火灾才被扑灭。

(4) 事故原因：直接原因是电焊工××违章作业，在一楼铁窗架电焊，火花溅到易燃货品上引起火灾，同时，事故也与××××百货公司管理局及员工安全思想淡薄，公司安全制度落实不善，许多安全隐患长期得不到解决有关。

(5) 善后处理：市商业局副局长带领有关人员赶到现场进行调查处理；市人民政府召开紧急防火电话会议；市委、市政府对有关人员视情节轻重，做了相应处理。

(十七) 根据下述两份材料，分别拟写一份请示。

1. 东江省外资局拟于 1994 年 12 月 10 日派组(局长刘天成等 5 人)到美国纽约市韦斯特设备公司检验引进设备。此事需向省政府请示。该局曾与对方签订过引进设备的合同，最近对方又来电邀请该局前去考察。在美考察时间需 20 天，所需外汇由该局自行解决。各项费用预算，可列详表。

2. 东阳市伟勋金融学院为了迎接教育部高职高专人才培养工作水平评估，急需购置教学管理软件，考虑到教学管理软件价格不高，竞争供应商不多，政府采购时间太长，特申请不采用政府采购而改为自行竞价式招标采购。

(十八) 指出以下请示的错误并加以修改。

**淳裕县教育局关于解决电化教育设备问题的请示**

教育厅：

我县是省贫困县之一。在中央和各级领导大力支持下，电化教育事业较以前有了一些发展。但是由于该县地处偏远，经济实力薄弱，财政资金十分困难，教育经费投入不足，电化教育普及不到乡。

基于以上情况，应该怎么办，请领导批示。

淳裕县教育局

2007 年 7 月 25 日

(十九) 根据下述两份材料，分别拟写一则公文。部分内容视情况可以适度虚拟。

1．东海市惠杰研究所筹建生物工程实验室，但资金尚缺100万元，拟向省科技厅请示拨款。请代该省科技厅拟写同意该研究所拨款请示的批复。

2．根据下文写一份同意请示的批复。

**东海市广播电视局关于征用土地的请示**

东海市人民政府:

为了妥善解决干部职工的住房问题，我局拟征用郊区红星镇土地 1350 m²。经协商，我们双方皆同意按照国家规定办理有关事宜。请给予批准。

二〇〇〇年五月六日

(二十) 仔细阅读下文，并按要求撰写一组公文。

宏远商贸学校经过几年的发展已升格成为宏远商贸职业技术学院，在校生人数已超过3000人。但是学校的一些必要的教学设施却一时不能适应其发展规模的需要，特别是缺乏一座独立的图书馆，这既影响了学生的学习，也制约了学校的发展。为解决这一问题，学校决定建造一座独立的图书馆。为此，学校向省计委计财处写一份请示，请求拨款150万元修建一座4000 $m^2$ 的图书馆，并抄报省教委计财处，省财政厅计财处。省计委计财处接到宏远商贸职业技术学院的请示后，同意了该校的要求。

1．请以宏远商贸职业技术学院的名义拟写一份请示。

2．请以省计委计财处名义给宏远商贸职业技术学院拟写一份批复。

(二十一) 仔细阅读下文，指出原稿与修改稿之间的区别，并加以评析。

【原稿】

**关于办公家具购置费用的批复**

天宇分公司:

你分公司《关于办公家具购置费用的请示》(天发[2009]20 号)收悉。经研究，现批复如下:

同意购买第一阶段办公家具，主要使用于你分公司及在京七个业务部门。考虑到有部分单位需新增员工，家具配置总量有上浮的可能，由你分公司掌握，总费用应严格控制在人民币50万元内。

特此批复。

天宇总公司

二〇一〇年十月九日

【修改稿】

**关于办公家具购置费用的批复**

天宇分公司:

你分公司《关于办公家具购置费用的请示》(天发[2009]20 号)收悉。经研究，现批复如下:

同意购买第一阶段办公家具，主要用于你分公司及在京七个业务部门。考虑到有部分单

位将新增员工，家具总量可适当上浮，但总费用应严格控制在人民币 50 万元内。

特此批复。

天宇总公司

二〇一〇年十月九日

(二十二) 仔细阅读下面一则批复，指出其错误并加以修改。

河源乡政府:

对你乡的多次请示，作如下答复:

1. 原则批准你乡建立联合贸易公司，负责本乡的内、外贸易工作。你乡应尽快使联合贸易公司开始营业。

2. 你乡提出试行“关于违反计划生育规定的处罚办法”最好不执行，因为这个办法违反上级有关文件精神。

3. 今年你乡要盖礼堂一座，并准备开辟为对外营业的影剧院，有利于活跃农民文化生活，增加宣传阵地。批准你们的请示。

4. 同意你乡“关于开展学习拥军模范赵香同志活动”的请示。赵香同志支持丈夫、儿子上前线。在丈夫牺牲后又鼓励女儿报考军队护校，她还给前线战士寄书、写信，鼓励他们保卫祖国，事迹是感人的，应大力宣传。

仙宗县人民政府

二〇一〇年五月十一日

(二十三) 仔细阅读下面一则函，请指出其中的错误，然后加以修改。

**函**

尊敬的王经理:

您好。承蒙华美有限公司将贵公司作为钢材大宗买主介绍给我公司，我们十分欢迎和高兴。钢材属我公司经营范围，我公司经营的钢材质高价廉，品种齐全，属部优产品，远销海内外，深受顾客欢迎。

为了使贵公司对我公司可供销售的各种钢材产品的特性有所认识，现随函附上商品目录和价目单各一份。一接到贵公司的询价信，当即寄去我公司的报价单和样品。我公司所在市景色秀丽，风光迷人，欢迎您及您的部属亲临我公司洽谈业务并观光游览。

谨祝身体健康!

华美钢材贸易公司

二〇一〇年五月十一日

(二十四) 下面是一份函的两种写法，试分析比较哪一种写法更恰当，并指出恰当和不恰当各表现在哪些地方。

**关于请海达商厦准备经保工作经验材料的函**

清源市商业局:

你局海达商厦狠抓安全保卫工作，成绩突出。经市综合治理办公室同意，我局准备于 12 月中旬召开全市经保工作经验交流会，请海达商厦在会上介绍加强内部防范工作的经验。请

速通知该单位，于12月中旬将此材料报送我局×处秘书科(写作要求附后)。

此致

敬礼!

清源市公安局

二〇〇九年十一月二十日

### 关于商请海达商厦准备经保工作经验材料的函

清源市商业局:

经市综合治理办公室同意，敝局12月下旬召开全市经保工作经验交流会。据悉，贵局海达商厦狠抓安全保卫工作，取得了突出的成绩，拟请该商厦在会上介绍加强内部防范工作的宝贵经验。如蒙同意，恳请通知该单位，于12月中旬将经验介绍材料送敝局宣传处秘书科为盼。

清源市公安局

二〇〇九年十一月二十日

(二十五) 仔细阅读下文，然后拟写一份邀请函。

秦虎同志是原天安门国旗护卫班副班长，现转业到宏麟大学保卫处工作。他对该校师生所作的《国旗在我心中》的报告，深受欢迎，反响热烈。金光学院为纪念“12.9运动”70周年，开展爱国主义教育，拟邀请该同志到校给全体师生员工作报告。请以该学院的名义向宏麟大学写一篇公函。

(二十六) 根据下面这份来函的内容，起草一份答复此函的复函。

### 关于成立东州民福贸易公司的函

东民函字〔1999〕28号

东州省计划经济委员会:

为促进我省民政工业发展，拓宽福利生产市场，积极发展外向型经济，经研究，决定成立东州民福贸易公司。

该公司为集体所有制，实行独立核算，自负盈亏。

经营范围：主营民政福利企业产品及出口创汇产品；兼营各类生产资料经销、经济技术咨询、产品开发有偿服务。

经营方式：零售、批发、代购、代销及调拨。

当否，请批示。

东州省民政厅

一九九九年五月六日

(二十七) 将下面这则会议记录改写为会议纪要。

### “爱国主义”读书活动座谈会会议记录

会议时间：2003年2月24～5日

会议地点：桂林市灵川九屋黄梅山庄

与会人员：市委组织部李部长、教委基础教育科秦科长、新华书店发行部主任、读书部主任、五城区组织部、教育局领导

会议内容：关于“爱国主义”读书活动座谈

会议记录：

市委组织部李部长：

首先，我介绍一下今天到会的各位领导和相关同志。(介绍到会人员)。

今天，我们市委组织部和教委以及新华书店、五城区的有关同志聚在一起，召开此次“爱国主义”读书活动座谈会，这次会议主要是针对此项活动听取大家的一些建议和意见，希望能把今年这第十一届读书活动开展得更好。下面请各城区的相关同志说说关于此届读书活动的开展情况！

七星区：在今年的读书活动中，我们觉得在征订《奋发有为建小康》一书时，收费有一定困难，因为现在学校的各项收费较多，家长有一定情绪，不过，我们也采取了一些措施。今年，我们征订这本书的费用不用学生出，而是发动辖区内的一些民营企业进行捐助。这样，可能就能解决这个困难。

象山区：今年，我们城区征订《奋发有为建小康》一书的数量较少，相比去年来说，减少了很多，回去后，我们一定会采取一些措施进行补救，争取大面积地把读书活动开展起来。

秀峰区(代表)：我们城区去年很早就把这项工作布置下去了，并且发了书面通知到各个学校，读书活动年年都有很多学校参加，我们城区往年也有不少学校积极组织学生参加，并且还获得了“组织奖”，今年当然也不例外。虽然在征订书籍的工作方面有一定的困难，但学校的老师们还是很用心地去做此项工作，发动学生购买书籍，组织学生参加各种读书活动，还有的学校自己开展系列活动，如演讲比赛、征文比赛、知识竞赛来积极配合这项全国性的读书活动，我们会一如既往地把读书活动开展好。

雁山区：我们今年征订书籍的情况不是很理想，一方面可能是，有些学校没有接到通知，因此，没有开展这项活动，另一方面是，我们自己的发动工作没有做好，今后，我们会加大宣传力度，做好读书活动的宣传和组织工作。

叠彩区：读书活动是一项有益于青少年健康成长的活动，我们理所当然地要大力支持，以后我们将扎扎实实地开展好此项活动。

教委基础科秦科长：读书活动迄今为止已开展了十一届，我还记得 2002 年的读书活动的开展情况，有演讲比赛、知识竞赛、征文比赛，活动效果很好。2003 年，由于“非典”，有些活动就搁置了，未能正常开展。

如何更好地开展读书活动，避免读书活动多而泛滥，这是我们要解决的问题，也应该引起我们的深思。所以在今后，我们应该尽可能地开展精而有效的读书活动，并且要扎扎实实地开展。

今年的读书活动从目前来看，征订书籍的数目不多，有某些方面应引起我们的注意：一是现在我们都是发网络通知，有部分学校可能没有拿到通知或是没有从网上下载通知。二是订书的经费问题要妥善安排。三是书订好了以后，如何真正开展好读书活动，让书买得有所值、有所用。作为教育局，我们也会一如既往地支持此项活动。

市委组织部李部长：刚才大家畅所欲言，发表了各自的想法和看法。关于读书活动，有

几点要强调:

一、提高认识，广泛宣传。在青少年中加大宣传力度，爱国主义教育要从青少年抓起，城区教育局要召集学校领导召开此类会议进行宣传。

二、活动的系列工作要组织到位。争取每个学校都参加这项读书活动，从订书到发放书，从宣传到组织，从筹备到开展，步步要到位。

三、扎实开展活动，认真读书。要开展好演讲、征文、知识竞赛等各项活动，城区教育局、各个学校自己也要开展好相应的活动。

四、抓紧时间，加大力度。要把读书活动放在一个比较重要的位置，开展活动要一鼓作气，不能一拖再拖。

五、领导要重视，做好表率。只有领导本身重视这项活动，才能带动下面组织和开展好读书活动。

今天，我要讲的就这些，希望大家回去以后，该宣传的宣传，该组织的组织，该开展的开展，争取把这项全国性的读书活动有声有色地开展好。

# 第二章　办公事务文书写作

学习目标

- **理论目标**

了解常见的办公事务文书的分类及其结构特点、写作要求，熟练掌握计划、总结、简报的具体写作方法。

- **案例目标**

运用办公事务公文的理论知识分析相关案例，使学生了解和掌握各种文书的基本特性，知道应当怎样撰写，写到何种程度才算符合规范化的要求，从而有效地提高其常用办公事务文书写作的质量和水平。

- **实务目标**

使学生能依据实际事项所提供的情景和文种要求，运用相关理论知识进行分析构思、因事选文，能比较熟练地撰写出合格、规范的常见办公事务文书；能够辨析文书质量的好坏及撰写水平的高低。

## 第一节　概　述

### 案例导入

小王是一家高科技公司的业务骨干，有一天，经理把他叫到办公室，说：“小王，公司现在人手越来越紧张，除了干好你的业务之外，你帮我兼顾处理一下公司的文书工作，主要是撰写一些计划、总结、简报等。这对你这个大学生来说没什么问题吧？”小王爽快地答应了，但内心却非常紧张，因为他在大学时整天学的是数理化，从没有想到有一天领导会让他去做文书的工作。为了应付差事，他找来了一些相关的理论书籍，囫囵吞枣地浏览了一通，“看起来蛮简单的。”他心里这样想，信心也增长起来。没想到，他满怀信心地写出的计划等办公事务文书，却遭到了经理的一连串的批评，并且他的文书稿子上被经理修改的标记纵横交错。苦恼和沮丧使他陷入沉思：为什么看起来挺容易的文书，经理却在稿件上给自己修改了那么多？难道是经理太挑剔了？

思考：1. 通过本案例，请你给小王提供一种合理的回答。

2. 在正式学习办公事务文书前，你对这种文书的日常印象如何？

3. 由授课老师提供某一工作情景，请同学们撰写一种简短的办公事务文书，然后相互交流批评，看看你是否和案例中的小王一样，有着“看起来容易实际不容易”的印象反差。

评析：事务性文书不像公文那样有很强的约束性和规范性，它的使用频率远远超过法定公文，涉及面广泛。随着信息化、电子化时代的到来，纸质的文书大多被电子媒质替代。人们在写作时越来越淡化格式要求。加上工作节奏的加快，交往频次的增加，去模式化倾向、反书面礼制倾向越来越明显，致使事务性文书从内容到形式变得越来越随意。然而要写好事务性文书却不是一件简单、随意的事。人常说，说什么是一回事，怎么说又是一回事，事务性文书中正确的表述与内容一样重要。

## 一、办公事务文书的概念

办公事务文书是党政机关、社会团体、企事业单位处理日常事务时所用的文书，目的是为了交流信息、总结经验、探索问题、指导工作、实施管理。

办公事务文书是贯彻党和国家方针政策、更好地指导工作的重要工具；是了解交流情况与推进工作的重要手段；是详尽地反映情况和说明问题的资料存储器；是宣传教育群众和统一思想认识的实用媒介。关于事务文书的种类，一直没有明确的规定，它适用范围极广，使用频率非常高，种类很多：大到计划、总结、调查报告、简报、会议记录、讲话稿、大事记、接待方案，小到请假条、声明、启事等条据，都属于其范围。

办公事务文书的特点有：

(1) 写作对象比较具体。和公文相比，办公事务文书虽然无需写明主送机关，但其写作对象也很明确。

(2) 格式比较固定。虽然不像公文格式那样非常严格，但是各种办公事务文书也都形成了比较固定的惯用格式。

(3) 写法比较实际。撰写各类办公事务文书都是以解决和处理实际问题为宗旨。

(4) 时限比较紧迫。讲究时效性，对办公事务文书非常重要。

## 二、办公事务文书的写作要求

(1) 以方针政策为指导，以法律规定为依据。

(2) 深入调查研究，获取真实材料。

(3) 实事求是，切实可行。

(4) 格式约定俗成，语言准确简练。

# 第二节　计划、总结

## 一、计划

### 1. 案例导入

---

案例 1

**秋冬季植树造林工作计划**

秋冬植树造林的大好季节即将到来，为迅速掀起造林高潮，确保全年林业生产任务的完成，现对秋冬季植树造林工作提出如下意见。

一、指导思想

以科学发展观为指导，深入贯彻党的十六届五中全会精神，坚持“生态优先，持续发

展，依法治林，科教兴林”的发展方针，以农田林网、河渠弃土、非基本农田的三荒地和各级道路两侧为造林重点区域，优化林业产业结构，扩大废弃地造林面积，搞好各项林业工程建设，积极探索林地后续产业的开发利用，全面提高林业的综合效益，为全面建设生态裕林、和谐裕林做出积极贡献。

二、任务目标

为完成省下达给我市的退耕还林匹配造林指标，今年秋冬季的造林任务为 1 万亩，育苗 95 亩。

三、工作重点

(一) 高标准完成全年林业指标

自 7 月开始至 8 月中旬，市林业局抽调部分技术干部，在各乡、镇、办事处的大力配合下，对我市宜林地资源进行了调查，并根据调查结果和各乡、镇、办事处的具体情况制定了切实可行的秋冬季造林计划(见附表)。我们今年秋冬季造林工作的重点仍放在河渠弃土、非基本农田的三荒地、废弃地、方田林网及各级道路两侧上，尤其要把河渠弃土造林，作为今年秋冬季造林工作的重中之重抓实抓好。力争让能绿的地方都绿起来，让该绿的地方都绿起来，全面提高我市的绿化水平。

(二) 高质量完成工程造林任务

依照国家退耕还林的有关要求和全省林业发展的总体部署，并结合我市林业发展的“十·五”规划，2004 年我市在沙化或盐碱化严重、粮食产量低的次(弃、休)耕地、河渠弃土、方田林网及各级道路两侧实施退耕还林匹配造林工程。工程项目涉及 18 个乡镇、办事处和 1 个开发区，总面积 1.5 万亩，目前该工程造林已完成 0.5 万亩，还需造林 1 万亩。总体看，今春造林成活率、保存率偏低，个别地块缺株断带现象严重，达不到工程造林的要求。因此，各乡镇、办事处、开发区要立即行动起来，抓住秋季造林的有利时机，在搞好秋冬季造林的同时，还要搞好春季造林的补植补造，切实打好秋冬季造林突击战。

(三) 加强新植幼树的抚育管理

切实抓好工程造林中速生用材林的抚育管理，要做到以下五个方面：一是落叶后，疏除树干基部全部萌蘖和树头竞争枝，保持冠高为树高的 2/3，树干为 1/3。剪口要平滑，不能留橛。二是 10 月底在树干 1.2 米以下涂白，达到除虫、防寒、美观的目的。三是在土壤夜冻昼消时，浇足冻水，防止杨树冬春失水抽条。四是有条件的地方在土壤封冻前亩施圈肥 5000～10000 斤，或二铵和尿素按 1∶1 混合施入，幼林每亩 30～50 斤。五是及时清除林地中的秸杆、落叶及杂草，既可减少病害虫在林地越冬的数量，又可防烧毁树木。

(四) 大力发展苗木生产

一是做好现有苗圃的调查统计，摸清能出圃的国标一、二级苗木的数量，建立生产档案，为 2005 年造林打好基础。二是抓好秋冬季育苗工作，协助没有完成任务的乡镇完成育苗任务，并依据各乡镇林业发展计划，确定每年造林所需苗木数量。三是逐步引进推广适应市场的品种、树种，把自发生产苗木向有组织的集约经营转变，扶持发展一批育苗专业村和育苗大户，使之成为农民致富的支柱产业。

(五) 搞好林地后续产业的开发

近几年，我市造林面积突飞猛进，且大部分属于国家工程造林，按国家政策，八年内不准砍伐，所以如何提高林地使用率、最大限度地发挥林地现有潜能，显得尤为重要。市

林业部门及各乡镇、办事处、开发区要不断创新工作思路，借鉴其他县市的成功经验，努力探索林地后续产业的开发利用途径，搞好林地种植百合、紫苷蓝等经济作物的试验、示范、推广工作，使林地得以充分利用，实现土地增效、农民增收。

(六) 促进文明生态村的建设

今年春季，在文明生态村的创建活动中，我们把文明生态长廊的千里堤等各级公路的绿化作为工作重点。按年初建设标准，明确了秋冬季绿化任务：环村路为91 000米，主要通村道路为49 250米，村内主要街道绿化为141 650米。各乡镇要利用秋季造林的大好时机，迅速掀起建设文明生态村的绿化高潮，确保高标准地完成本年度的绿化任务。

四、时间安排

11月份为秋冬季植树造林突击月。各乡镇、办事处和开发区要根据市政府下达的造林绿化任务，抓好规划、苗木、资金、人员、技术、奖惩六落实工作，迅速行动，力争高标准完成全年任务。12月中旬，市绿委会将组织有关部门对工程造林情况进行检查验收，并将验收结果通报全市。

五、工作措施

(一) 加强领导，严明奖惩

秋冬季的造林工作，市、乡、村要切实加强领导，明确任务，层层分解，责任到人，建立严格的量化的岗位目标责任制和激励机制，奖优罚劣。

(二) 广泛宣传，提高认识

要充分利用各种宣传工具，广范围、多形式地宣传秋冬季植树造林的优势，做到家喻户晓，人人皆知，使广大群众尤其是林农进一步转变观念，提高认识，形成全民齐动手、全员搞绿化的浓厚氛围，打一场秋冬季造林的漂亮仗。

(三) 广筹资金，政策扶持

坚持国家、集体、个人相结合的原则，一是全面利用好农业开发、世行贷款及林业项目资金；二是今年造林享受国家退耕还林每亩45元的待遇；三是鼓励和引导农民大胆投入，坚持“谁投入，谁受益”，广筹资金搞绿化，投工投劳多栽树。

(四) 加强管护，依法治林

要广泛宣传《森林法》，提高广大干部群众的法制观念，制定乡规民约，建立健全各级护林组织。当前幼树防火工作尤为重要，执法部门要严肃查处烧林毁林案件，更好地巩固我市来之不易的绿化成果。

案例2

## 迎接市卫生监督局检查验收工作安排

接市卫生监督局通知，3月23日将对我院进行“绿色餐厅”、“B级餐厅”的检查验收工作。为了确保我院验收合格，现将有关工作安排如下：

一、高度重视，认真对待

“打造绿色餐厅，构建和谐校园”、餐厅量化升级(C级升到B级)既是相关法律法规和食品卫生主管部门的要求，也是对我院餐厅工作成绩的检验，总务处和各餐厅对此要高度

重视，切实做好各方面的准备工作，并结合此次检查验收工作，查找工作中存在的问题和不足，立即整改，同时，在今后的食堂工作中，要对照相关规定和要求，切实做好食堂工作，为师生提供安全、卫生、放心的餐饮服务。

二、实行责任制

本次检查验收工作事关学院下一步的餐厅再升级(B 级升 A 级)计划，事关学院餐厅在师生心目中的形象。因此，我们要明确分工，实行责任制，总务处和各餐厅要按照规定，坚持高标准，严要求，确保检查验收合格，对于思想不重视，工作不到位，影响我院工作成绩的个人和部门，要给予2000元以上的罚款，情节严重的，按合同约定解除合同，其投资的炊具等全部归学院所有，总务处人员按未完成工作处理。

三、具体工作任务分解

1. 汇报材料准备：包括汇报材料、卫生许可证、健康证、索证台帐、消毒记录、卫生检查记录、留样记录、各项规章制度等。上述工作由刘林同志牵头负责，各餐厅配合。杨飞负责督促检查。

2. 食堂各制作间、仓库、售饭间等属于各餐厅管辖范围内的卫生由各餐厅负责；上述范围以外的公共部分(餐厅、楼梯、消毒间、卫生间等处)卫生由水生物业公司负责。要做到窗明几净，无尘埃、吊灰、蛛网、水印、痰迹、垃圾等。餐厅周围(墙面到周围路面)卫生分工如下：东区由一餐厅负责，南区由二餐厅负责，西区由三餐厅负责，北区由五餐厅负责，外墙面由四餐厅负责。进货通道、一餐厅北楼梯间等处的物品清除和卫生工作由一餐厅负责。按照责任范围各单位将餐具、炊具、卫生工具等物品摆放整齐、到位。餐具消毒、内墙面卫生等由物业公司负责。上述工作由王光明、崔海负责督促检查。

3. 营养卫生知识宣传。要制作部分营养卫生知识宣传板，在餐厅立柱、墙面适当位置张贴宣传。工作人员上岗证，由各餐厅提供照片等基础资料，邵维华同志负责制作。制作宣传栏、张贴栏各一块，安装在餐厅南墙，此项工作由吴华同志负责。

4. 餐厅布置。要按照温馨、整洁、明亮等要求，在餐厅适当位置摆放花草，此项工作由赵栋同志牵头，各餐厅负责，陈愈之同志负责运输。

5. 车辆调度使用由杨飞同志负责。

6. 餐厅各种标识(仓库、炊具等)由各餐厅提供名称，邵维华同志负责统一定做并组织张贴。

7. 人员卫生、营养知识培训由各餐厅负责，人员着装、指甲、头发等由各餐厅负责。

8. 将保温帘全部拆除。垃圾桶、废旧箱要有盖，外观要干净。上述工作由各餐厅负责。

9. 水、电保障、下水道等由吴华同志负责。

二〇〇九年三月二十日

---

**2. 格式和写法**

计划的结构一般包括标题、主体、尾部三个部分。

计划的完整标题包括四要素：计划制定者、适用时间、事由和计划文种名称；四要素中，除文种外，其余可以根据情况省略，如“绿源公司2009年工作计划”、“中毒儿童抢救方案”、“财政部关于税制改革的设想”。如果所制定的计划，还需要讨论定稿或经上级批准，

就应在标题的后面或下面，用圆括号加注“草案”或“初稿”或“讨论稿”等字样。

计划的正文包括前言和主体。前言又称开头，要简要写明制定计划的依据、指导思想和条件以及基本情况分析。计划的主体包括“三要素”，目标、措施、要求(步骤)三项内容。目标，就是回答“做什么”的问题，可以是总体目标，也可以是具体任务或指标；措施，就是回答“如何做”的问题，包括组织分工、进程安排、物质保证、方式方法等；要求(步骤)，就是回答“如何做完”、“做得怎样”之类的问题，主要包括质量、数量、时间上的具体要求。

计划的尾部要呼应开头，发出号召和希望，并在文末右下方注明制定单位或个人的名称以及具体日期。

计划写作要注意以下事项：

① 确保计划指导思想的正确性。这表现为既要符合党和国家的方针政策，又要能够体现本单位或集体的意图；② 要充分考虑计划的可行性。通过反复论证，从多种计划方案中择优而定，实事求是地确定计划的目标和任务，并适当留有余地；③ 要适时检查计划执行情况，并及时做出调整；④ 语言要简练、具体，条理要清晰、连贯。

**3．文体知识**

计划是国家机关、社会团体和企事业单位、个人在一定时期为完成特定任务而预先拟订的包含目标、措施和要求等内容的事务文书。

计划是建立正常工作秩序、做好工作的前提，可以使我们在从事各项工作之前，做到心中有数，减少盲目性，增强自觉性和主动性，从而顺利完成任务或不断提高工作质量。

计划主要有三个特点：

(1) 预测性。计划是对未来工作的预测，包括可能遇到的新情况、新变化，计划实施的目的、步骤、措施，都要进行多方面细致的预测与分析。

(2) 目标性。计划要有非常明确的目标，而且要符合实际状况，否则就会达不到预想的效果。

(3) 可操作性。目标明确后，必须制定切实可行的步骤、措施、要求、时限，而且要写得具体、细致，还要便于督促检查，对照落实。

从种类来看，计划是一个统称，它还有许多具体名称，如规划、纲要、要点、安排、打算、意见、方案、设想。它们的主要区别体现在范围大小、时间长短和内容详略方面。具体而言，规划、纲要所设想的工作持续时间较长，一般五年到十年，甚至更长，内容涉及范围也较广，比如《国家中长期科技发展规划》、《基础教育课程改革纲要》；安排、打算、要点、方案所指的工作持续时间较短、涉及范围较窄，内容也较具体，比如《下周工作安排》、《本月文明服务活动工作要点》、《华海公司第一季度销售方案》；设想，是属于很不成熟的计划，是粗线条的预测，如《本市汽车尾气减排的新设想》。

计划的种类较多，按内容分，有综合计划、专项计划等；按性质分，有生产计划、学习计划等；按范围分，有国家计划、部门计划、单位计划、个人计划等；按时间分，有年度计划、月度计划等；按形式分，有文件式计划、表格式计划和文件表格结合式计划等。

## 二、总结

### 1. 案例导入

案例 1

### 上海市食品药品监督管理局普陀分局2008年工作总结

2008年食药监普陀分局在市食药监管局和区委、区政府的正确领导下，按照市、区食品药品监管工作会议部署，以保障区域群众饮食、用药安全为目标，秉承科学监管理念，坚持重心下移、监管靠前的工作做法，“形成一个亮点，正确处置突发事件，抓住各项工作重点，完成市、区保障任务”，全区食品药品安全处于动态可控状态，取得了一定的成效，现将2008年具体情况总结如下：

一、初步构建了具有普陀特点的基层食药监管网络，各街道(镇)食药监督分所成立并有效运作。食品药品安全问题涉及千家万户、涉及到社会的方方面面。普陀地域面积54平方公里，有食品药品监管相对人7000余家，而分局系统只有62人。面对监管任务和监管力量明显失衡的矛盾，今年初，通过认真调研分析，分局大胆思考，主动提出了“要把监管重心下移，在体制上进行突破，在我区各街道(镇)建立食品药品监督分所”的一整套设想。

在区委、区府的高度重视，特别是区主要领导的亲自协调下，我们得到了兄弟部门的鼎力支持。在短时期内，我们逐项落实了人员、经费、办公场地、办公设备、专用仪器等一系列问题。目前，各街道(镇)食药监督分所已正常运行，并在基层监管实际中日益发挥出积极作用，分所的建成进一步密切了分局与街镇等基层政府部门的联系，为我区食品安全联席会议体制在街道(镇)层面注入了“实体”，区内两级政府监管职能形成网络；分所的建成进一步扩大了基层监管覆盖面，有效增强了我们对基层相对人情况的掌握，扩大了基层宣传接触面；分所的建成进一步提高了我们监管的预警反应能力，常常能在“第一时间”就将可能的食品药品安全事件消灭在萌芽状态，有效降低了监管的社会成本；分所的建成有利于监管资源的合理配置，分所成立后，依据“突出重点、分类监管”的工作思路，我们把日常监管的任务下放分所，腾出人力、物力加强了食品药品安全重点领域的监管，起到了明显作用。

二、有效应对“三聚氰胺”、“瘦肉精”、“刺五加”等食品药品安全事件，保障区域社会稳定和谐。

2008年是食品药品公共安全事件频发的一年，也是区域食药监管工作接受考验的一年。9月，“三聚氰胺”事件突发，分局迅速出动，快速反应，依托基层监管网络，出动监督员8112人次，检查食品经营单位共2303户，其中食品交易市场26户，大型超市卖场33户，食杂店1088户，婴幼儿用品店12户，其他单位1144户，封存库存三鹿奶粉890包(听)，未查见其他不合格奶粉。从4月起，为进一步加强猪肉制品安全，防止“瘦肉精”对人体的伤害，我分局结合实际，充分运用“错时监管”的工作模式，抓住源头，重点对市场内肉品零售摊位的猪肉、猪内脏进行了“瘦肉精”快速检测专项行动。共对229家次单位进

行了抽样检查，共采样229份肉品进行了快速检测。此外，分局出动监督员76人次，审查了37户市场，发放新证305个，有效地杜绝了非法渠道肉品混入本市市场。10月，黑龙江完达山药业股份有限公司生产的“刺五加注射液”发生了严重不良反应事件，分局通过信息平台，迅速通知了区内21家医院、120余家药品经营单位，3家医院接到通知后立即停用了“刺五加注射液”，及时保障了群众的身体健康。

这些对于突发的食品药品安全事件的稳妥处理，有效维护了区域社会的稳定，保障了群众的利益，证明了普陀食药监管队伍处理突发事件的能力。

三、着力抓住“学校、工地食堂集体用餐”、“食品安全示范街”、“大卖场监管”等重点工作，维护区域群众饮食用药的健康有效。

在全年工作中，分局从区域特点出发，重点夯实了各项基础性工作，我们抓住“学校、工地食堂集体用餐”的工作，因为它是发生群体性食物中毒的高危领域；我们抓住“食品安全示范街”的工作，因为它是带动促进整个区域餐饮业食品安全水平的有效抓手；我们抓住“大卖场监管”的工作，因为它直接影响着全区人民每天的餐桌。

2008年春秋两季，我们共出动监督员1311人次，共检查各级学校食堂278家次，发现26家单位在食品安全关键控制环节存在问题，此次检查有效杜绝了可能发生的食品安全问题；分局确定了长寿路、梅川路、大渡河路和中山北路等四条街为2008年普陀区食品安全示范街，对示范街上各餐饮单位进行了全覆盖检查以及不断的追踪复查，组织餐饮单位负责人、经理、厨师长等各级责任人进行食品安全知识培训，截至11月，出动监督员1837人次，检查了相关单位计525户次，通过努力，示范街餐饮单位的食品安全水平有了明显提高，其示范效应正在不断带动周边地区；在“大卖场监管”上，我们继续抓住猪肉、蔬菜等主要产品，结合分局政风建设和食品安全宣传工作，一手抓监督，一手抓宣传，累计在区各主要大超市、大卖场、批发市场设摊宣传111次，将区域群众的食品安全意识推上一个新台阶。

四、出色完成“奥运兴奋剂专项治理”、“奥运期间食品、保健品专项检查”等一系列影响广泛的重大活动的保障任务。

2008年北京奥运会我们虽然没有直接的保障任务，但是兴奋剂专项整治工作是一项影响我国国际形象和声誉的重点工作。分局从5月起开展了兴奋剂规范和治理的专项工作，在强化对企业培训宣传的前提下，做到了宣传告知100%、公示承诺100%、全覆盖检查200%、暗访抽查100%，顺利通过了国家局、市局的检查工作，维护了区域的形象，向群众交出了一份满意的答卷。同时，分局把握专项治理的契机，出动药品专业人员600余人次，检查单位300多家，完成了638起药品类许可事件，上报药品不良反应2556例，居全市前列；按照市局统一部署，开展了各类药品稽查行动11次，立案69件，药品类抽样773件，查处不合格药品130件，阳性率3.88%。食品、保健品方面，按照告知承诺、企业自查、排摸检查的程序，先后出动监督员900余人次，检查了13家大型超市卖场内的33户保健食品柜台、区内连锁药方配送中心1户、药房153户，其他各类保健食品经营单位共394户，有效整顿并规范了市场秩序，净化了我区保健食品的行业环境。

我们还完成了全国高校毕业生“三支一扶”工作会议、“上海总部经济论坛”会议、“哈佛中美英语峰会夏令营”、上海苏州河文化长廊建设国际论坛、首届中国校园戏剧节等一系列区内重要活动、会议的食品安全保障工作，为整个普陀社会、经济的和谐发展作出了自

身贡献。

五、在“迎世博600天行动”的宏观背景下寻找我们的不足。

2010年上海世博会日益临近，世博会时间跨度长、人流密集，食品药品安全问题出现的可能性也随之加大，在“迎世博600天计划”不断深入的现状下，摆在我们面前的一项重要任务是，如何在不到600天的时间里，进一步推动、提高我区食品药品安全监管工作水平，使之符合“城市让生活更美好”的世博标准。2009年是打好基础的一年，更是决定性的一年。总结2008年，我们认为以下几个方面的工作尚待进一步提高：

一是进一步加强分所的日常运作，发挥好基层监管网络的机制优势。首先，分所内部要继续加强基础性工作，面对相对人单位变化快的特点，摸清情况，适应动态监管的要求；其次，分所对外要正确处理与街道(镇)部门的协作联系，既要适应街道(镇)部门对我们工作的要求，又要坚持自身主体工作，整合力量，为我所用；第三，各分所之间要加强协调联系，在完成自身工作的同时，要有“全区一盘棋”思想，积极探索分片联动机制，优化执法资源配置。

二是进一步提高对食品药品公共安全突发事件的处置能力。毋庸讳言，现阶段各类食品药品公共安全事件正处于“多发期”，面对2009年可能存在的突发事件，我们要未雨绸缪，不断加强和提高自身应急处置的能力和水平。完善各类预案、依托现有专业装备反复磨砺业务能力、定期开展应急演练，时刻保持“引而不发”的待命状态，随时准备应对各类食品药品安全事件的挑战。

三是进一步加强科学监管的能力，不断创新监管手段。牢固树立科学发展观，用科学监管的理念指导食药监管工作，并积极运用到基层实践中，围绕2008年工作的几个难点：“无证饮食行业的管理”、“生猪制品场外交易”、“食药监派遣制人员的使用”，大胆思考，敢于突破原有的框架，继续探索符合普陀区自身特点的，有实际效果的监管新方法、新手段，为世博会的顺利进行作好准备。

二〇〇八年十二月

案例2

## 2009年银行柜员工作总结

本人自2009年6月进入建设银行工作，至今已6个月。在这段学习和工作的日子里，收获颇多。现将本人今年的工作总结如下：

一、工作、学习情况

作为新入职的员工，尽快地学习业务知识、提高操作能力尤为重要。在本行的培训课程中，我深入了解了建设银行的发展状况、机构构成以及企业文化。在业务和技能培训中，我努力锻炼自己的动手操作能力，勤学勤练，不但掌握了运营的综合知识和前台的具体操作规范，还熟练掌握了点钞、翻打传票等技能。

在不断的学习和工作中，我与行内的同事相处融洽，建立了良好的伙伴关系。在行内组织的新员工棋盘山拓展训练中，锻炼并增强了自己的团队意识，被评为本组最佳队员。实习期间，我积极向老柜员学习储蓄前台的操作，并顺利通过了分行组织的新员工上岗考试，顺利成为了东海支行这个大家庭中的一员。

尽管还在试用期，但我严格要求自己，向正式员工看齐。工作中与同事互相帮助，遇到不熟悉的业务会积极向同事们请教，并做认真记录；在柜台操作过程中，严格按照对私柜台操作规程的要求进行操作；在业务办理过程中做到"唱收唱付"，做好举手服务、微笑服务，来有迎声、走有送声；始终把客户放在第一位，对于客户提出的问题尽最大努力给客户一个满意的答复；结账后，与同事交换检查票子，及时发现错误并改正，减少差错；下班后，对自己当天所接触到的新业务进行复习，并学习一些我行的特色业务，如西联汇款、境外电汇、环球汇票等，丰富自己的金融知识。

二、存在不足

进入建设银行以来，面对新的环境与工作，我一直在积极主动地去适应，但是由于刚刚开始接触银行业务，在很多方面我还存在不足。

首先，柜台操作不够熟练，还不能在办理业务的过程中完全做到得心应手。其次，对本行金融产品和业务知识还不够熟悉，为客户提供咨询服务的准备不足。另外，由于从业时间太短，金融知识相对缺乏。

三、下一步努力方向

今天的不足，是今后工作中完善自我的努力方向，我要坚持磨练自己，做到以下几点：加强操作技能练习，熟练掌握前台各类业务的操作方法；深入学习金融知识和行内业务规范，尽快提高自身能力；增强团队意识，互帮互助，与同事友好相处。认真负责，勤奋工作。

匆匆半年过去，在建设银行的工作忙碌而充实。回顾过去，我深深的感谢给予我指导、帮助甚至批评的人，是他们让我在错误中吸取教训，不断成长。未来的一年，我将以昂扬的斗志和积极的态度去面对工作中的挑战，通过在理财、金融、个贷、对公等方面理论和技能的不断学习，使自己能够在工作上奠定扎实的基础，并和同事一起把东海支行建设成最优秀的支行。

王海俊

2010年1月9日

---

**2. 格式和写法**

总结的结构一般分为标题、正文、落款三部分。

总结的标题一般包含单位名称、时限和文种，如"长岗区2010年度工作总结"。也可灵活拟定，或概括内容，或突出中心，或单行标题，或双行标题，视具体情况来加以选择。标题具体可以分为三种方式：主题式，如"建设社区文化是加强和改进社区群众工作的重要途径"；问题式，如"他们为什么会成为时代先锋"；正副题结合式，如"加速校舍改造，完善监管预防——贫困地区中小学校舍的管理抉择"。

总结的正文分为引言、主体、结尾三个部分，具体可归纳为：工作概况、经验体会、今后打算三要素。工作概况，就是开头部分，要简要说明总结所涉及的时间、背景、任务、效果等，目的在于给人总体印象，领起下文。经验体会，是主体部分，是总结的重点，其中做法与成绩的说明是基础，经验体会的总结是重心，要注意点面结合，详略结合，叙议结合，同时做到叙议得当。今后打算，是指结尾部分，要说明存在的问题，并针对这些问题，结合经验教训以及规律性的认识，提出对今后工作的新设想和改进意见。当然，根据

总结内容的不同情况，还可以将这些要素进行调整。

落款时，署名和日期可以放在标题下，也可以放在文末。

总结的写作需注意以下事项：

(1) 要彰显带有规律性的认识。要充分了解并认真分析研究过去的工作，揭示出其中带有规律性的理论认识，以便更好地指导今后的工作。

(2) 要突出重点。抓住重点经验来写，不要写成流水账。

(3) 要叙议得当。以叙述为主，叙议结合。交代工作、列举典型事例时，以叙述为主，用数据说话；在分析经验教训、指明努力方向时则以议论为主。

### 3. 文体知识

总结是机关、团体、企事业单位或个人，在某项事务或某阶段的工作完成后，对其加以系统回顾和全面分析，总结出经验教训和规律性认识，以便更好地指导下一阶段实践活动的事务文书。

总结可以使本系统、本地区、本单位、本部门某一项工作的实践活动，由感性认识上升到理性认识，形成规律性认识，有利于减少今后工作的失误或损失，提高工作质量与效率；也可以为各级领导机关提供基层工作的情况和经验，以便加强科学管理和指导。

总结按内容可分为工作总结、学习总结、思想总结等；按范围可分为单位总结、部门总结、地区总结等；按时间可分为月份总结、年度总结等；按性质可分为专题性总结和全面性总结两大类。

总结的内容要用数据说话。一个结论是否有说服力，往往需要数据的支持和佐证，真实数据的理性分析确保了总结是对过去的实事求是，对实际问题的客观具体，对未来谋划的实实在在，提出的建议有利可行。

## 第三节　商务接待方案

### 1. 案例导入

案例 1

#### ××酒业公司总经理前来洽谈业务的接待方案

应我公司邀请，××酒业公司总经理等一行 3 人，将于本月 6 日到达我公司洽谈业务，时间暂定为 3 天。

该公司是我国西南地区的大型酒类生产厂家，产品在国内外市场上一直供不应求。该公司与我公司有多年的业务合作，系供应我××酒的唯一厂家，对我公司的业务往来积极，态度友好，每年均与我公司有成交实绩。

对他们此次前来洽谈业务，我方拟本着友好、热情、多做工作的精神予以接待，望洽谈卓有成效。

具体安排如下：

1. 客人抵、离京时，由有关业务人员迎送。
2. 由我公司总经理、副总经理会见并宴请两次。
3. 由我方总经理负责与其洽谈。
4. 客人在京期间适当安排参观游览、文化娱乐活动。
5. 客人在京费用由我公司承担。

以上意见妥否，请公司领导指示。

附件：××酒业公司客人名单(略)
　　　本公司接待人员名单(略)

上海××百货公司公关部
20××年×月×日

案例 2

## 关于接待天津康达建筑工程公司×××一行的方案

应我公司邀请，天津康达建筑工程公司总经理×××一行六人，将于 5 月 9 日(星期一)至 12 日(星期四)对我公司进行参观考察，主要是参观我厂生产车间、生产规模和经营项目，洽谈技术合作事项。康达公司这些年与我公司一直保持着友好亲密的合作关系，对于李总经理一行来访，我公司应予以热情、周到的接待。

一、食宿安排：客人下榻杭州喜洋洋大酒店，安排小套间 1 套、标准间 3 套(其中 2 套住 2 人、1 套住 1 人)。在酒店餐厅用餐，自助餐标准按规定 50 元/人。

二、迎送：客人抵、离时，由我公司总经理××率秘书××、销售部卢经理、技术部郑经理前往迎送(抵达航班是天津—杭州 MF694，9 日下午 2 点，由公司专车接送至酒店)。客人抵达后，总经理秘书××负责与客人商定活动日程。

三、宴请：9 日晚 18:00，总经理××、副总经理×××在××酒店 6 号包厢宴请李总一行，销售部、技术部负责人作陪。标准 1800 元/桌，包括 6 个凉菜，8 个热荤菜，6 个热素菜，4 样水果，4 样点心，上五粮液酒、中华烟。

四、座谈：10 日上午 9:00，我公司各部门经理在公司三楼会议厅与客人见面并座谈。由楚副总主持，张总经理致欢迎词，同时介绍公司情况并回答客人提出的问题。

五、参观考察：10 日上午 10:00 至 11:30，楚副总和技术部郑经理领李总一行参观我厂 1 号和 3 号生产车间，介绍生产规模及技术改革项目。下午 14:00 至 15:00，参观 2 号生产车间，15:00 至 16:00，参观公司展览室，销售部卢经理介绍今年主要经营项目。

六、签订协议：11 日上午 9:00，在三楼会议厅，张总、楚副总及销售部卢经理与客人再次座谈，签订《技术业务合作协议》。草案由××负责撰拟，总经理会前审定。

七、游览：11 日下午 13:00，人力资源部、销售部负责人陪同李汉达经理一行游览西湖风景区。

八、送行：12 日上午 9:40，客人乘车赴机场。由张总经理、秘书戴华、销售部卢经理送行，并赠送纪念品。

九、结账：12 日下午 13:00，套间每天 280 元、标准间每天 180 元，由××负责。

十、客人在杭期间的交通保障，由总经理办公室负责安排 12 座面包车一辆。

以上安排妥否，请批示。

附件：天津康达建筑工程公司客人名单(略)

浙江恒泰利建材集团办公室

20××年×月××日

---

**2. 格式和写法**

1) 标题

标题通常有三种写法：接待××代表团前来洽谈业务的方案，××代表团前来洽谈业务的接待方案，对××代表团前来洽谈业务的接待方案。

2) 正文

(1) 介绍来访缘由，需要说明是应我方邀请，还是来访者的要求。

(2) 来访者的职务、一行人数、负责人、访问时间、目的、对象、任务等。

(3) 接待工作的原则及具体接待安排。包括接待方针、接待规格、接待内容、接待活动的时间安排和经费等。接待方针是接待工作的总原则和指导思想，接待方针应当根据接待活动的实际情况和领导机构对接待工作的要求以及来宾的具体情况确定。接待规格实际上是指来宾所受到的待遇，往往体现了主办者对来宾的重视和欢迎程度。接待规格主要表现在迎接、宴请、看望、陪同、送别来宾时，主办方出面人员的身份。具体可以分为三种情况：第一种是高规格，是指主办方出面人员的身份高于来宾，以体现对对方的尊重和重视；第二种是对等规格，是指主办方出面人员的身份与来宾大体相等；第三种是低规格，是指主办方出面的人员的身份比来宾低。显然，到场的我方人士身份越高，尤其是主要人士的身份越高，越说明我方尊重并重视对方，双方关系较为密切。

接待的内容包括接站、食宿安排、宴请、看望、翻译服务、观看文艺演出、参观游览、联欢娱乐、返离送别等。接待内容的安排应当服从于整个来宾来访的大局，并有利于来宾的休息、调整，同时也能够为来访创造轻松、和谐的气氛。

接待活动的时间安排应当同活动日程安排一起通盘考虑，并在活动日程表中反映出来，以便来宾了解和掌握。

接待经费包含整个活动经费的各构成部分，主要是安排来宾食宿和交通的费用，有时也包含安排参观、游览、观看文艺演出等活动的支出，涉外活动还包括少量的礼品费用。活动接待方案应当对接待经费的来源和支出作出具体说明。在任何情况下，接待来宾都是需要花钱的。来宾接待工作中的费用支出应该既有一定标准，又要反映出接待方对来访者的重视。

(4) 接待方案需呈报上级审批，需以“以上安排妥否，请批示”等作结束语。

3) 附件

附件要说明接待人员及客人名单。

4) 落款

接待方案的落款需署上编制方案单位名称及日期。

3. 文体知识

商务接待方案是指在生产厂家代表、客商或上级主管部门代表到来之前，企业的有关部门准备怎样做好接待工作，并事先拟出接待的日程安排、活动内容、参加者、人数、规格等书面材料，呈报单位主管领导，经审批同意后，即按安排进行，通常也称接待工作方案。其流程详见附录D。

“凡事预则立”。接待来访者，制定接待方案很有必要，一是可以合理地安排各项接待工作，使之有条不紊地开展；二是可以使有关人员提前安排好自己的时间，保证接待工作顺利开展。

## 第四节　启事、声明

### 一、启事

1. 案例导入

案例1

**寻物启事**

本人不慎，于2013年3月5日上午8时左右，在光明公园遗失棕色公文包一只，内有若干重要证件，以及带有瑞士小军刀的钥匙一串。拾到者请速与本人联系。有重谢。

电话：13693348177

王先生

2013年3月5日

案例2

**招聘启事**

青岛宏源有限公司(香港独资)随着公司业务的不断扩大，经市人才交流服务中心批准，现诚聘销售人员6名，具体条件如下：

1. 应聘条件：具有本市户品，专科以上学历，相貌气质佳，口头表达能力强。

2. 本公司对受聘人员试用1个月，正式聘任后工资待遇从优。

3. 招聘方法：应聘人员持简历、照片、学历证明到本市飞腾北路42号人事处报名。

时间：2013年3月10日~4月15日

上午：8:30~11:30，下午：2:00~5:00

联系人：李小姐

电话：65557658

青岛宏源有限公司人力资源部

2013年3月9日

### 2. 格式和写法

启事通常由标题、正文、结尾三部分组成。

(1) 标题。标题的写法多样，一般用文种作标题，也可以用“内容＋文种”组成标题，也可以用“启事者＋内容＋文种”组成标题。

(2) 正文。启事正文有多种写法。比如：一段式写法，启事内容简单，通常一段成文；分段式写法，启事内容稍为丰富，通常分几个段落成文；另外，还有标题式写法和条款式写法等。

(3) 结尾。启事结尾常用“特此启事”、“此启”等结束语，也可不写。一般还包括准确具体的联系人姓名(签署启事者姓名)、联系地址、电话、发布时间。

另外，启事的写作还要注意：

(1) 内容要简明。启事篇幅非常短小，叙事应紧扣核心要点，不旁涉细枝末节，使人能立刻领会启事者所要表达的事项内容和意图。

(2) 用语讲求礼貌，文字要清楚，书写要工整。启事不论是张贴还是刊登，目的多是请人帮助，用语如果不礼貌谦和，字迹又写得潦草，其效果是可想而知的。

### 3. 文体知识

启事是机关、企事业单位、团体或个人，需要向公众说明某事或希望公众协助办理某事时使用的一种事务文书。这里，要注意区分启事和启示两者含义的不同：启事的本意是公开陈述事情，“启”有叙说、陈述之意，“事”即事情；而“启示”是启发指示，是使人有所领悟的意思。

启示的特点有：

① 告知性。启事内容广泛，无论大事、小事都可发启事向公众告知；

② 简明性。启事要求写得简洁明了，无论是登报、广播、电视或张贴，启事都必须写得十分简明。这是因为一方面可方便读者阅读，另一方面也受篇幅版面的经济成本所制约。

按内容不同，启事可以分为招聘启事、开业启事、迁址启事、征婚启事、寻人启事等。按公布的形式，可分为广播启事、报刊启事、电视启事、张贴启事等。

## 二、声明

### 1. 案例导入

案例1

**侵权声明书**

近段时间以来，品达公司发现：有同行在网站上盗用本公司设备图片，这一行为侵害了本公司的合法权益。在此，品达公司郑重声明：除本公司及相关代理商合作伙伴之外，

其他公司不得私自盗用，如有盗用，请在一周之内删除，谢谢合作！

特此声明。

品达试验设备有限公司

2012 年 12 月 17 日

案例 2

## 债权转让失效声明

本人于 2011 年 5 月 11 日刊登在广西日报的《债权转让通知》，因受让方违约，不按期支付转让款，故我和李元庆签订的《债权转让协议书》自动失效，故此前所送达的债权转让通知作废，债权由吴大功所有。

特此声明。

吴田明

2011 年 5 月 24 日

---

### 2. 格式和写法

声明由标题、正文和尾部三部分组成。

声明的标题写法有三：第一种是一般只写文种“声明”；第二种是由“事由 + 文种”构成，如《遗失声明》；第三种是采用“发文单位名称 + 授权事由 + 文种”三项结合的形式，如《天元有限责任公司授权法律顾问李维律师声明》。

声明的正文一般由引言、主体、结语三个部分组成。正文要简明扼要地写明发表声明的原因，表明对有关事件的立场、态度。正文结束语，一般使用套语“特此声明”即可。尾部包括署名、时间和附项三项内容。需要注意：有的声明在正文内容中，写有希望公众检举揭发侵权者的意思，还应在署名项目的右下方，附注自己单位的地址、电话、传真号码以及邮政编码，以便联系。

另外，写好声明还需注意：

(1) 所声明事项的内容要合理、合法，否则会混淆公众视听，给自己带来不必要的负面效果。

(2) 中心要突出。要善于抓住事件中的关键和要害以表明态度，而且态度要明朗，语气要肯定。

(3) 行文风格必须严肃、庄重。这是由所声明事项的严重性质和影响所决定的，不容半点马虎和随意。

(4) 语言表述必须准确、简练。只有语言表述准确，才能使所传递的信息准确无误、所主张的观点态度坚定明确；声明一般都比较简短，只需将基本事实和立场简要说明即可，无需过多的论述或描写。

### 3. 文体知识

声明是单位、组织、机构、团体以及个人就有关事项或问题向全社会表明自己的立场、态度的一种告知性的事务文书。声明的发布途径比较广泛，可以在报刊登载，也可以通过

广播电视等大众传媒进行了传播，也可以利用互联网发布，还可以在适当场合张贴。

声明的内容主要包括两方面：一是为维护自己的某种合法权益而发布；二是在丢失了文件、印章、凭证等重要的物品的情况下发布，可以起到防止他人和不法分子冒领冒用等行为，提醒相关单位和个人注意防范。因此声明主要具有三种作用：第一，表明发布主体的观点、态度和立场；第二，警示他人；第三，保护自己的合法权益。

## 办公事务文书实务训练

（一）从格式、语言两方面指出下面文章的毛病，并修改充实。

### 服装行业新员工年度销售工作计划

2012年是我们公司业务往全国发展至关重大的一年，对于一个刚刚踏入服装行业的新人来说，也是一个充满挑战，机遇与压力并重开始的一年。因此，为了要调整工作心态、增强责任意识、充分认识并做好自己的工作。为此，在销售部的两位同事的热心帮助下，我逐步认识本部门的基本业务工作，也充分认识到自己目前各方面的不足，为了尽快的成长为一名优秀员工，我订立了以下年度工作计划：

一、熟悉公司的规章制度和基本业务工作。保证公司网络的正常运行，应付各种突发状况。作为一位新员工，本人通过对此业务的接触，使我对公司的业务有了更好地了解，但距离还差得很远。这对于新人来讲是一大缺陷，希望公司以后有时间能定期为新员工组织学习和培训，以便于工作起来更加得心顺手。

1. 在第一季度，以业务学习为主，由于我们公司正值各店开张期间，部门的计划制定还未完成，节后还会处于一个市场低潮期，我在做好本职工作的前提下会充分利用这段时间补充相关业务知识和装修知识，认真学习公司的规章制度，与公司人员充分认识合作；协助销售部工作；通过上网，电话，了解更多行业信息。

2. 在第二季度的时候，公司已正式走上轨道，市场会迎来一个小小的高峰期，在对业务有了一定了解熟悉得情况下，我会努力协助销售部的工作和杨磊的装修工作。

3. 第三季度的“十一”、“中秋”双节，市场会给后半年带来一个良好的开端。并且，随着我公司铺设数量的增加，一些规模较大的客户就可以逐步渗入进来了，为年底的市场大战做好充分的准备。此时我会协同公司其他员工竭尽全力为公司进一步发展做出努力。

4. 年底的工作是一年当中的顶峰时期，加之我们一年的努力工作，我相信是我们销售部最热火朝天的时段。我们部门会充分的根据实际情况、时间特点去做好客户开发工作，并根据市场变化及时调节我部的工作思路。争取把销售业绩做到最大化！

二、制订学习计划。做服装行业是需要根据市场不停的变化，不断调整经营思路的工作，学习对于员工来说至关重要，因为它直接关系到一个员工与时俱进的步伐和业务方面的生命力。我会适时的根据需要调整我的学习方向来补充新的能量。服装知识、营销知识、部门管理等相关装修的知识都是我要掌握的内容，知己知彼，方能百战不殆。

三、加强自己思想建设，增强全局意识、增强责任感、增强服务意识、增强团队意识。

积极主动地把工作做到点上、落到实处。我将尽我最大的能力减轻领导的压力。

以上是我在做好本职工作的前提下的一些设想，可能还很不成熟，希望领导指正。火车跑的快还靠车头带，我希望得到公司领导、部门领导的正确引导和帮助。展望，我会更加努力、认真负责的去对待每一份工作，也力争胜任自己的工作。相信自己会完成新的任务，迎接新的挑战。

(二) 根据下文的提示，拟写一份活动计划。

为迎接第42届世界电信日的到来，6月9日，金丰学院将与上海移动联合举办“绿箱子环保计划——2012高校环保行”公益活动，旨在吸引高校师生积极参与环保，共建美好校园。参与“绿箱子环保计划”的师生，从6月9日起，只要在学院环保站捐出一块废旧电池板，或是一些废旧手机配件，就可以免费领取“美好生活存折”，记录相应积分贴花，凭累积的积分贴花兑换纪念徽章、运动帽、充值卡等丰富奖品，积分越多，奖励越多，师生还可根据自己的喜好随意组合积分换取相应的礼品。每三个月，上海移动还将和各大高校联合举办评比九位“环保校园大使”,“环保校园演讲之星”等系列活动，从而更好地推动该项计划展开。学院将此项公益活动的筹办任务交给院学生会，假如你是院学生会的宣传干事，请你起草一份关于这一项公益活动的宣传推广计划，以迎接即将到来的活动。

(三) 仔细阅读下面一则总结，指出其存在的诸多问题，并加以修改完善。

## 凯达学院学生联合会营销方案设计大赛活动总结

一、活动目的

为了更好地适应社会的发展与需求，增强我院同学的各方面知识，面向电子电气工程学院，举行学生营销方案设计大赛。通过此次大赛，传播最新的营销理念、表彰优秀营销人才，使广大同学获得更多的知识和实战经验。促使同学们的理论与实践相结合，成就一个完美的结合点。

二、活动宗旨

传播最新的营销理念，表彰优秀营销人才。

三、活动主题

大胆创新，改头换面，营销精英，开创未来。

四、活动模式

承办方：凯达文理学院电子电气工程学院

协办方：凯达文理学院电子电气工程学院学生会

五、活动内容

参赛队演讲，以及表演节目。

六、活动过程

1. 初赛由各班针对某种商品制作几份完整的分析报告，推荐本班最优方案上交相应的负责人。

2. 决赛时，各队需向活动负责人提供几份完善的产品营销策划书，决赛现场每位到场评委将每人一份。

3. 选手代表上台讲各队的参赛宣言。以及参赛队表演自编的小广告、话剧等节目。营销方案配合幻灯片进行6-8分钟的讲解。

4. 由评委对该组参赛团队进行点评并打分，最后评委代表对整场比赛进行总结点评。

5. 最终名次由总分数决定，评委宣布最后获奖名单并颁奖。

七、总结活动

通过本次活动开展，传播营销理念，丰富校园生活，加强学生营销策划制作能力，引导积极向上的大学生活。

1. 活动虽然小，却含义深远，反响良好，充分体现了大学生参加社团活动具有一定的创造能力，为大学生活增加了丰富的色彩。

2. 这次活动可以提高大学生的营销能力，挖掘一批负责任，有能力，有热情的人才。也能增进一个团队的凝聚力和团结协作能力。

3. 能锻炼同学们的口才能力，实际操作能力，培养交际能力，使同学们积极参与这方面的比赛，调动了大学生的积极性。

4. 这次活动我们以最小的费用完成了具有实践意义的创意活动。

(四) 活动经费结算(共计180元)

1. 两件矿泉水50元

2. 气球和彩带30元

3. 场地申请(学术报告厅)100元

电子电气工程学院学生会

二〇一一年四月十七日

(四) 根据你最近几年参加的实践活动，选择其中一项对你印象深刻、意义深远的活动或工作，认真思考，然后写一篇个人总结。

(五) 阅读下面这则启事，结合启事的写作要求，分析其问题所在。

### 元华大学百年校庆启事

今年6月10日，将是中国近代名校即我校的百年诞生日。

为迎接百年校庆，百年校庆筹备委员会恭请全世界凡在元华大学学习和工作过的师生员工回母校参加活动。同时学校拟编《校史资料集》、《优秀论文集》，请各界校友踊跃支持。

热烈欢迎海内外校友为母校的发展作出贡献。

邮政编码：110067

联系电话：010－88765879

电子邮箱：yhu999@yahoo.com.cn

(六) 请根据下面的材料写一份招聘启事。

北京华光贸易公司因业务发展需要现面向社会公开招聘财务总监一名，秘书一名。条件：财务总监需本科以上学历，有三年以上工作经验并拥有注册会计师证；秘书需本科以上女性，气质高雅。请根据以上情况拟写一份招聘启事。

(七) 请根据下面材料，拟写一份声明。

广州龙兴品牌策划有限公司，最近了解到有单位冒充该公司的名义进行招聘和开拓业务，并且在“明珠新城聚德花园 45 号”住宅地址进行招聘和宣传、接洽业务。龙兴品牌策划有限公司是国内知名品牌广告策划公司，其业务有两大分支：其一为传统广告、策划、设计类；其二为产品类，即“上品香道”与“洛卓沃龙”两大香类传统文化品牌，皆属该公司合法持有。其他以该公司名义进行的业务或活动，皆非该公司所授权或参与，特此声明，以免广大客户上当受骗，合法权益受损害。必要时，该公司会以法律手段严正维护公司合法权益。

为此，作为该公司总经理办公室主任的你，受公司之命，负责起草一份声明，以正视听。要求：格式完整、表达清晰、语言简练。

# 第三章　人力资源管理文书写作

学习目标

- **理论目标**

　　了解人力资源管理文书的概念、结构特点、写作要求，掌握其具体写作方法。

- **案例目标**

　　运用人力资源管理文书的理论知识研究相关案例，使学生牢固掌握常见文种的特定格式、内容、结构和语言，为具体文种的撰写打下坚实的基础。

- **实务目标**

　　使学生能依据实际事项所提供的情景和文种要求，运用相关理论知识进行分析构思，能比较熟练地撰写和运用合格、规范的常见人力资源管理文书。

## 第一节　概　述

### 案例导入

**需要签劳动合同吗？**

——张新等三人的劳动争议

张新于2007年7月，王平、李强于2008年5月先后进入上海同一家物流公司工作，后被该公司分派到江苏某分中心负责装卸工作，工资1600元，双休日无休，三人均没有签订劳动合同。2009年3月，该公司口头解除了三人的劳动关系。张某、王某、李某均不服公司的决定，于2009年5月向上海市某仲裁委申请了劳动仲裁，仲裁委认为双方没有劳动关系，不予支持三人的请求，三人于是向黄浦区法院提起了诉讼，要求支付代通金、经济补偿金、加班费等3万元。庭审中，该公司仍坚持不承认张某等人与公司存在劳动关系，认为他们的请求没有任何事实依据，坚持仲裁委的仲裁结果。在律师的帮助下，张某等人提供了工作服、证人证言等有关证据，证实了双方的劳动关系。本案经过法院的调解，最终该物流公司同意支付张某等人每人5000元。

思考：

1．通过本案例，使你对学习劳动合同等人力资源管理文书有何认识？

2．讨论：作为一个即将开始职业生涯的你，对人力资源管理文书有何初步认识？

评析：

自2008年1月1日起施行的新《劳动法》规定：如果企业未与员工签定劳动合同，那么企业在2008年1月1日起的1年内需要支付双倍工资，1年以后就视为与单位签定了无固定期限的劳动合同，单位不能随意解除其与员工的劳动关系。

## 一、人力资源管理文书的概念

人力资源管理文书是指企业、事业、机关、团体等各种社会组织在人才招聘、绩效考核、工资福利、流动配置、培训开发、退休退职、社会保险、劳务争议等人力资源管理方面所使用的文书的总称。

人力资源管理①脱胎于传统的人事管理，但其范畴、职能已远远超出传统的人事管理。传统的人事管理所使用的文书，主要是人事档案管理文书，常用于保存、记录员工个人活动、学识水平、德能勤绩、工作表现(职务升降、岗位变动、奖惩)等情况。而现在的人力资源管理文书，不但包括了以前的人事档案管理文书，还包括了用于人力资源管理活动的其它方面所需要的文书。

从广义看，人力资源管理文书是一个庞大的体系，包罗了行政公文、事务文书、合同文书、司法仲裁文书、管理文书(员工手册)、日用信据、表格流程等不同类型的文书；从狭义看，人力资源管理文书仅限于紧密围绕着人力资源管理活动所使用的文书。

本文是从狭义角度来论述人力资源管理文书的。虽然它含有行政公文、事务文书、司法文书、管理文书、礼仪文书、日常文书等文书的特征和内容，但是只是综合了这些文书特征和内容的一小部分，归根到底，其是服务于人力资源管理这一综合性活动的，是这些文书与人力资源活动的交集。

人力资源管理文书的特点是：

(1) 实用目的极强：人力资源管理的各种文书都是为特定的实用目的而产生的，显示出鲜明的实用需要。

(2) 检验标准更严格：人力资源管理文书撰写的好坏直接影响工作活动的成败，以及社会评价与关注。

(3) 利益攸关度很高：人力资源管理文书的内容表述直接关系当事人或单位的切身利益，不当或错误的表述会给当事人或单位造成不可挽回的经济损失。

(4) 与社会现实结合得很紧密：人力资源管理文书撰写要充分考虑到社会历史传统、风俗习惯，不能闭门造车，否则后果严重。

人力资源管理文书，从内容性质来看，可分为两种：综合活动类文书和程式化填充类文书。综合活动类文书，是指综合汇总行政、事务、司法、管理、礼仪、日常活动文书的一小部分而成的文书，比如录取通知、申请书、自我鉴定、述职报告、劳动合同书、仲裁协议、绩效管理办法、员工手册、聘请书、慰问信；程式化填充类文书，包含各种表格、流程、固定形式的条据等，比如员工履历表、员工绩效考核表、学员意见调查表、员工工资表、档案调阅卡、员工名册、人员供给计划编制流程。

从人力资源管理的各个功能环节看，又可分为人才招聘文书、绩效考核文书、教育培

① 人力资源管理(Human Resources Management)，是指根据企业发展战略的要求，有计划地对人力资源进行合理配置，通过对企业中员工的招聘、培训、使用、考核、激励、调整等一系列过程，调动员工的积极性，发挥员工的潜能，为企业创造价值，确保企业战略目标实现的管理活动和行为。

训文书、职称评聘文书、调配流动文书、工资福利文书、社会保险文书、退休离职文书、劳动争议文书、人员档案文书。

## 二、人力资源管理文书的写作要求

要写好人力资源管理文书，需注意以下方面：

(1) 熟悉法规，深入业务。法律法规是该类文书撰写的前提和基础，而相关业务是其撰写的内容主体，只有两者兼顾和结合，才能写出内容充实、分寸准确、逻辑严密、有理有据、具有较强的社会现实感的文书来。

(2) 严守格式规范。不同文种有不同的格式，行政、司法类内容的文书以及表格流程，更注重十分具体而特别的行款格式。这不但关乎单位形象，也直接影响撰写者的个人声誉，有时甚至还可能造成意想不到的麻烦与后果。

(3) 文种恰当。应根据管理活动的具体要求，来判定采用哪种文体更合适，然后再依据实际情况做细致陈述，使文书中所摆出的每一个观点、每一句话、每一个数据、每一项措施都有理有据。

(4) 文体表达真实、贴切。人力资源管理文书，是人力资源管理活动的贴切表达，必须表达真实情况，言之有物，贴近对象特点，简练而精确地表述出特定的管理活动内容。

(5) 语言通俗准确、简练严谨。首先，语言要通俗易懂、平易随和。该类文书的阅读对象是普通大众，因而语言一定要浅显易懂，尽可能少用专业术语。其次，要准确恰当、言简意赅。第三，要严谨规范、庄重严密。无论是文字、标点还是计量单位等，都要符合我国现行法律规定(如国家标准及通用语言文字法等)；牵涉到法规性的内容，一定要用语庄重、措辞严密，以体现出该内容的严肃性，同时也使说理滴水不漏、无懈可击。

# 第二节　员 工 手 册

### 1. 案例导入

**案例 1　万科职员手册**

## 目　　录

## 案例 2 TCL 员工手册

### 目 录

---

**2. 格式和写法**

员工手册的结构一般分为前言、正文、附则三个部分。

前言部分主要有三个方面：

(1) 领导(董事长或总经理)致辞(欢迎词)；

(2) 公司概况：企业简介、企业发展史；

(3) 企业文化：包括企业愿景、企业宗旨、企业经营理念、企业精神；

(4) 组织结构：组织结构、职能分配、部门简介。

正文部分主要包括三个方面：

(1) 员工日常行为规范：行为准则、礼仪规范、行为规范；

(2) 岗位管理：岗位职责、安全管理、劳动纪律等；

(3) 人力资源管理：招聘与离职、培训与考核(奖励与处分)、提拔与晋升、考勤与休假、薪酬与福利(保险与医疗)等。

附则部分主要包括：

(1) 手册说明：使用说明、保管要求、修改程序；

(2) 手册效力：制定依据、约束效力、异议处理；

(3) 员工签收：员工意见、签收回执。

员工手册的具体内容，可在基本框架的基础上，根据本企业人员、业务、管理等实际情况和具体特点进行设计、调整。

一般来讲，员工手册有两类写法：概括式和详列式。概括式，简单明了但表述不具体、不完整，必须进一步查阅相关规章制度，适合大型企业。对中小企业而言，因为规章制度不多，内容必须详实具体，宜采用详列式。员工手册的具体写法，可归纳为“四步法”：制定框架—充实内容—审慎合法—完善语言。

第一步，制定框架。制定框架，实际上就是确定员工手册的基本大纲。

基本框架的搭建，需要具体地考虑框架的每个部分该如何设计。首先，“前言”通常是以企业或单位的最高行政长官的名义签发，其主要目的是欢迎员工并激发员工对企业的认同。其次，是“公司概述”，其目的是让员工快速了解公司、快速融入公司。需要指出的是很多中小型企业缺乏明确的企业文化，在编撰员工手册时应予以重点发掘与补充。正文部分的内容，多为规章制度，但不应简单的罗列，而应该以员工管理为中心，将有关员工从聘用到离职的一系列管理制度进行浓缩和有机整合，具体地表述出来。

需要强调的是：许多企业的员工手册，往往注重对员工硬性约束的内容，如考勤、加班、奖惩等，而轻视员工晋升、发展和福利等激励的内容，这些激励与员工切身利益密切相关。对激励内容的轻视导致的潜在的成本隐患是不可估量的。

“附则”亦不容忽视。附则主要是对一些未尽条款进行补充说明，包括手册的有效性、手册的解释权、手册的修订、未尽事宜的参照处理办法、保密原则、员工签收确认等。特别是“员工签收”，它是保证手册合法及有效落实的一项重要措施，也是告知员工相关政策的一项书面证明。中小企业经常忽视这一点，应引起足够重视。

第二步，充实内容。在基本框架及具体设计确定后，下一步就是依据框架和具体设计，充实相关内容。完成这项工作，需要企业人力资源部门与其它部门充分沟通、协作，共同完成。在这一环节中，中小企业最容易、也最常犯“闭门造车”的错误，就是人力资源部独自完成员工手册所有内容的编写工作，然后提交高层领导审查。这样的独断专行，所留下的后遗症是很严重的。

第三步，审慎合法。内容完成后，接下来的重要工作就是审查员工手册内容的合法性。具体为四方面：

(1) 制定颁布主体必须合法，必须是企业主体，而不能是企业的某个部门(经企业授权的除外)；

(2) 内容必须合法，内容必须符合国家和地方现行的法律法规；

(3) 制定程序必须合法，必须经过一定的民主程序讨论通过；

(4) 发布途径必须合法，必须向劳动者进行公示或告知。

第四步，完善语言。编撰员工手册时，语言表达的要求是不容马虎的。具体分为三个方面：

(1) 语言风格要贴切。比如：领导致辞(欢迎词)，语言风格应体现出领导平易近人的态度和浓浓人情味；公司概述，应体现出管理者的平实与热忱；正文和附则部分，应体现出条款的严谨与周详。

(2) 表述要简洁、得体。员工手册的表述应力求简洁流畅，易懂得体，删去重复，避

免长句。

(3) 结构条理要清晰。整个员工手册结构应该一目了然，每项内容之间力求条理清楚。

(4) 标点符号要规范。员工手册从框架到段落，再到语句，标点符号都要反复检查，使手册不仅表达简洁通畅、措辞得体优美，而且标点符号规范无误。

最后，还要注意以下三个问题：

(1) 忌贪多求全：员工手册不是“企业大全”，不可能也无必要包罗万象，面面俱到。

(2) 忌陈旧停滞：员工手册编写的依据只能是公司的现有状况，故企业员工手册要及时更新修订。

(3) 忌印刷粗糙：员工手册是新员工初步认识企业的重要文件，凝聚着公司精神，代表着公司形象。其质量不仅体现在精心编撰上，还体现在印刷装帧的考究上。唯此，方能给员工留下美好的第一印象。

### 3. 文体知识

员工手册是企业在遵守国家法律、法规的前提下，深入结合企业自身的经营理念或管理文化、目标规划、管理状况与模式、员工现状和特点，以及企业内外部环境的其他情况而编撰的一部指导本企业人力资源管理和发展的综合性工具文书。需要注意的是：作为实用文书，不能将员工手册等同于规章制度。员工手册的制定程序为：首先，要明确管理对象；其次，对企业各方面情况进行系统分析；然后，从细节中形成自身特色；最后，进行民主商议、公示和修订。

员工手册主要有两项基本功能：一是使刚进入本企业的“准员工”(新员工)能够快速了解企业历史、文化、管理模式、员工准则和日常行为规范等，并快速成长为公司的“合格员工”；二是全面强化员工在工作活动中的日常行为规范，提升企业管理的综合能效和影响力。

员工手册有两种类型：一种是图文式，是指采用图画与文字相结合的形式；一种是纯文字式，通常以简洁、醒目的标题为主线，将内容有机贯穿起来。

### 4. 知识链接：员工手册的四大误区

误区一：错误地认为“员工手册就是制度大全”。企业希望通过员工手册能够规范员工的日常作业，并抱有极大的愿望，认为员工会100%的遵守。因此一本手册就成了制度汇编。从员工规范到考勤制度，再到奖惩机制，应有尽有。

误区二：错误地认为“员工手册就是苦口良言”。企业认为员工是需要教育的，受教育才会变的规范。像父母对待孩子一样，苦口婆心的教育。反映在员工手册里，就体现为大篇幅的说教，还经常出现“不准”、“严禁”、“杜绝”之类的字眼，与“人性化管理”相去甚远。

误区三：错误地认为“一本员工手册人人适用”、“王子犯法，与庶民同罪”。不论岗位，不论职权，所有的要求和规章都是一样，没有考虑到各部分员工的实际工作情况。

误区四：错误地认为“员工手册不是合同”。合同是具有法律效力的，合同中每一条款都有可能成为重要的法律证据。企业认为员工手册不是合同，不具备法律效力，因此忽视手册中的员工处罚条例和员工权益保护的编写内容。事实上它是有法律效力的。

# 第三节　劳动合同

## 1. 案例导入

### 劳动合同书

甲方(用人单位):
名称:
法定代表人(主要负责人):
经济类型:
通讯地址:
联系人:　　　　电话:

乙方(职工):
姓名:
身份证号码:
户籍地址:
通讯地址:
联系电话:

甲乙双方根据《中华人民共和国劳动合同法》(以下简称《劳动合同法》)和国家、省市的有关规定，遵循合法、公平、平等自愿、协商一致、诚实信用的原则，订立本合同。

一、合同的类型和期限

第一条　本合同的类型为: __________。期限为: __________。

(一) 有固定期限合同。期限________年，自________年________月________日至________年________月________日。

(二) 无固定期限合同。自________年______月______日起。

(三) 以完成一定工作任务为期限的合同。具体为: ______。

二、试用期

第二条　本合同的试用期自______年______月______日至______年_____月_____日。

第三条　录用条件为: ______。

三、工作内容和工作地点

第四条　乙方的工作内容为: ______。

第五条　乙方的工作地点为: ______。

四、工作时间和休息休假

第六条　乙方所在岗位执行______工时制，具体为: ______。

第七条　甲方严格执行国家有关休息休假的规定，具体安排为: ______。

甲方应严格遵守国家有关加班的规定，确实由于生产经营需要，应当与乙方协商确定加班事宜。

五、劳动报酬

第八条　本合同的工资计发形式为: ______。

(一) 计时形式。乙方的月工资为: ______元(其中试用期间工资为: ______元)。

(二) 计件形式。乙方的劳动定额为: ______，计件单价为: ______。

第九条 甲方每月______日以货币形式足额支付乙方的工资。

第十条　本合同履行期间，乙方的工资调整按照甲方的工资分配制度确定。

第十一条　甲方安排乙方延长工作时间或者在休息日、法定休假日工作的，应依法安排乙方补休或支付相应工资报酬。

六、社会保险

第十二条　甲方应按国家和本市社会保险的有关规定为乙方参加社会保险。

第十三条　乙方患病或非因工负伤，其病假工资、疾病救济费和医疗待遇等按照国家和本市有关规定执行。

第十四条　乙方患职业病或因工负伤的工资和工伤保险待遇按国家和本市有关规定执行。

七、劳动保护、劳动条件和职业危害防护

第十五条　甲方建立健全生产工艺流程，制定操作规程、工作规范和劳动安全卫生制度及其标准。甲方对可能产生职业病危害的岗位，应当向乙方履行告知义务，并做好劳动过程中职业危害的预防工作。

第十六条　甲方为乙方提供必要的劳动条件以及安全卫生的工作环境，并依照企业生产经营特点及有关规定向乙方发放劳防用品和防暑降温用品。

第十七条　甲方应根据自身特点有计划地对乙方进行政治思想、职业道德、业务技术、劳动安全卫生及有关规章制度的教育和培训，提高乙方思想觉悟、职业道德水准和职业技能。

乙方应认真参加甲方组织的各项必要的教育培训。

八、劳动合同的履行和变更

第十八条　甲方应当按照约定向乙方提供适当的工作场所、劳动条件和工作岗位，并按时向乙方支付劳动报酬。乙方应当认真履行自己的劳动职责，并亲自完成本合同约定的工作任务。

第十九条　甲、乙双方经协商一致，可以变更本合同的内容，并以书面形式确定。

九、劳动合同的解除

第二十条　经甲、乙双方当事人协商一致，本合同可以解除。

第二十一条　乙方提前三十日以书面形式通知甲方，可以解除本合同。乙方在试用期内提前三日通知甲方，可以解除本合同。

第二十二条　甲方有下列情形之一的，乙方可以解除本合同：

(一) 未按照本合同约定提供劳动保护或者劳动条件的；

(二) 未及时足额支付劳动报酬的；

(三) 未依法为乙方缴纳社会保险费的；

(四) 甲方的规章制度违反法律、法规的规定，损害乙方权益的；

(五) 因《劳动合同法》第二十六条第一款规定的情形致使本合同无效的；

(六) 法律、行政法规规定乙方可以解除本合同的其他情形。

甲方以暴力、威胁或者非法限制人身自由的手段强迫乙方劳动的，或者甲方违章指挥、强令冒险作业危及乙方人身安全的，乙方可以立即解除本合同，不需事先告知甲方。

第二十三条　乙方有下列情形之一的，甲方可以解除本合同：

(一) 在试用期间被证明不符合录用条件的;

(二) 严重违反甲方的规章制度的;

(三) 严重失职，营私舞弊，给甲方造成重大损害的;

(四) 乙方同时与其他用人单位建立劳动关系，对完成甲方的工作任务造成严重影响，或者经甲方提出，拒不改正的;

(五) 因《劳动合同法》第二十六条第一款第一项规定的情形致使本合同无效的;

(六) 被依法追究刑事责任的。

第二十四条　有下列情形之一的，甲方提前三十日以书面形式通知乙方或者额外支付乙方一个月工资后，可以解除本合同:

(一) 乙方患病或者非因工负伤，在规定的医疗期满后不能从事原工作，也不能从事由甲方另行安排的工作的;

(二) 乙方不能胜任工作，经过培训或者调整工作岗位，仍不能胜任工作的;

(三) 本合同订立时所依据的客观情况发生重大变化，致使本合同无法履行，经甲、乙双方协商，未能就变更本合同内容达成协议的。

第二十五条　乙方有下列情形之一的，甲方不得依据第二十四条的约定解除本合同:

(一) 乙方如从事接触职业病危害作业但未进行离岗前职业健康检查，或者乙方为疑似职业病病人在诊断或者医学观察期间的;

(二) 在甲方工作期间患职业病或者因工负伤并被确认丧失或者部分丧失劳动能力的;

(三) 患病或者非因工负伤，在规定的医疗期内的;

(四) 女职工在孕期、产期、哺乳期的;

(五) 在甲方连续工作满十五年，且距法定退休年龄不足五年的;

(六) 法律、行政法规规定的其他情形。

十、劳动合同的终止

第二十六条　有下列情形之一的，本合同终止:

(一) 本合同期满的;

(二) 乙方开始依法享受基本养老保险待遇的;

(三) 乙方死亡，或者被人民法院宣告死亡或者宣告失踪的;

(四) 甲方被依法宣告破产的;

(五) 甲方被吊销营业执照、责令关闭、撤销或者甲方决定提前解散的;

(六) 法律、行政法规规定的其他情形。

第二十七条　本合同期满，有第二十五条约定情形之一的，本合同应当续延至相应的情形消失时终止。但是，第二十五条第二项约定乙方丧失或者部分丧失劳动能力后终止本合同的情形，按照国家有关工伤保险的规定执行。

十一、经济补偿

第二十八条　有下列情形之一的，甲方应当向乙方支付经济补偿:

(一) 乙方依照第二十二条约定解除本合同的;

(二) 甲方依照第二十条约定向乙方提出解除本合同并与乙方协商一致解除本合同的;

(三) 甲方依照第二十四条约定解除本合同的;

(四) 除甲方维持或者提高本合同约定条件续订合同，乙方不同意续订的情形外，依照第二十六条第一项约定终止本合同的；

(五) 依照第二十六条第四项、第五项约定终止本合同的；

(六) 法律、行政法规规定的其他情形。

第二十九条　经济补偿按乙方在甲方工作的年限，每满一年支付一个月工资的标准向乙方支付。六个月以上不满一年的，按一年计算；不满六个月的，向乙方支付半个月工资的经济补偿。

如乙方月工资高于本市上年度职工月平均工资三倍的，向其支付经济补偿的标准按本市上年度职工月平均工资三倍的数额支付，向其支付经济补偿的年限最高不超过十二年。

本条所称月工资是指乙方在本合同解除或者终止前十二个月的平均工资。

十二、补充条款和特别约定

第三十条　乙方为甲方的服务期自______年______月______日至______年______月______日。

第三十一条　乙方的竞业限制期限自______年______月______日至______年______月______日。竞业限制的范围为：______。在竞业限制期间甲方给予乙方一定经济补偿，具体标准为：______，支付方式为：______。

十三、违反合同的责任

第三十二条　甲方违反本合同约定的条件解除、终止本合同或由于甲方原因订立的无效合同，给乙方造成损害的，应按损失程度承担赔偿责任。

第三十三条　乙方违反本合同约定的条件解除本合同或由于乙方原因订立的无效合同，给甲方造成经济损失的，应按损失的程度承担赔偿责任。

第三十四条　乙方违反服务期约定的，应承担违约金为：________。

第三十五条　乙方违反竞业限制约定的，应承担违约金为：________。

十四、其他

第三十六条　本合同未尽事宜，或者有关劳动标准的内容与今后国家、本市有关规定相悖的，按有关规定执行。

第三十七条　本合同一式两份，甲乙双方各执一份。经双方签字盖章后生效。

甲方(盖章)　　　　　　　　　　　　　　　　乙方(签章)

______年______月______日　　　　　　　　　　______年______月______日

委托代理人(签章)

______年______月______日

---

**2. 格式和写法**

劳动合同由标题、合同主体、正文、落款四部分组成。

1) 标题

合同标题一般用“劳动合同”或“劳动合同书”字样即可。但是为了更具体地显示劳动合同的不同对象、内容、类别、行业等情况，可以在“劳动合同”标题前面，或标题后

及标题正下方用小括号加上特定的限制词语，如农民工劳动合同书、个体工商户雇工劳动合同书、劳务派遣劳动合同书、劳动合同(固定期限)、劳动合同书(非全日制用工)、建筑业企业用工劳动合同书等。

2) 合同主体

合同主体，是指为订立合同的双方，需将主体双方各自的基本情况给予简洁交代。如果是个人，要写明姓名、户籍地址、身份证号、通讯地址、联系电话；如果是单位，要写明单位全称及法人名称，还要附加单位的联系地址、联系电话和联系人。注意：无论是签订国内合同还是国外合同，双方都只能写“甲方”、“乙方”，或者“供方”、“需方”，而不能写成“我方”、“你方”。

3) 正文

合同的正文由开头和主体两个部分组成。开头写明双方签订合同的依据或者目的，如“依据《中华人民共和国劳动合同法》和国家、省市的有关规定，遵循合法、公平、平等自愿，协商一致、诚实信用原则，订立本合同……”。还需要说明的是：现在许多范本合同，在正文前面还加有“使用说明”、“注意事项”或“签约须知”，以提醒双方主体仔细慎重对待合同文本。

合同正文的主体部分则比较细致复杂，包括了必备条款和非必备条款。具体为：合同类型和期限，试用期限，工作内容和地点，工作时间和休息休假，劳动报酬，社会保险和福利待遇，劳动保护、劳动条件、职业危害防护，合同的履行、变更与解除、终止和经济补偿，违约责任，劳动争议处理，培训服务期(即教育培训)与竞业限制，补充条款和特别约定。还有其他事项，如合同的份数和保存、合同的附件如表格、图纸或者实物等，都要一并写明。

4) 落款

合同的落款包括两项：一是署名，并加盖印章；二是签订的日期。署名并盖印章的，一般对象是合同的双方，但是有的劳动合同为确保其合同条款的公正和有效，还增添了第三方鉴定机构的签章。如果是集体劳动合同，落款则由企业法人与工会代表双方签字，并加盖企业与工会双方的公章。

5) 其他

需要指出的是：许多合同范本还将《劳动合同续订书》或《劳动合同变更书》附于劳动合同书正文之后，这便于合同主体将来相互协商劳动关系的发展变化。

最后，还需注意一些重要事项：

(1) 劳动合同必须符合国家的政策、法规。合同的起草者或签订者必须熟悉2008年起实施的《劳动合同法》及其《中华人民共和国劳动合同法实施条例》(以下简称《劳动合同法》、《实施条例》)的法律条款规定，以及地方配套出台的一些劳动条例，以避免劳动争议的发生。

(2) 劳动合同的条款表述一定要明确、周密。语义不能模糊，字迹必须清楚、工整，标点要正确，文面要整洁、规范。实践经验表明：不慎重合同文本的周密、完备的表达，会给合同的顺利实施带来很多问题，甚至导致劳动争议的发生。

(3) 劳动合同必须是书面形式，主体要适合。签订劳动合同时必须要双方代表共同起草。

个人合同写成后至少一式两份，集体合同则应人手一份；必要时还要多备一份，送交有关部门备案。为预防风险，可以采用中央或地方人力资源与社会保障机构发布的劳动合同书范本。

(4) 避免常见的劳动合同陷阱。具体为：口头合同(双方达成的口头约定，并不签订书面正式文本)、格式合同(表面上采用劳动合同书范本，但有些具体条款却暗藏诸多歧义解释)、单方合同(应聘者求职心切，只约定义务而不提权利的不平等合同)、生死合同(高危行业的用人单位，为逃避责任，常在合同书里要求应聘者接受“生死协议或条款”)、两张皮合同(就是阴阳合同，有些用人单位慑于监管部门，往往与应聘者签订两份合同，一份应付检查，草率至极，另一份为真正履行的合同，不为外知，含不平等条款)。总之，这些合同都极有可能成为不具有法律效力的无效劳动合同。

### 3. 文体知识

《中华人民共和国合同法》规定：“合同是平等主体的自然人、法人、其他组织之间设立、变更、终止民事权利义务关系的协议。”一经双方签订确定，就成为一种凭证，具有法律效力。人力资源管理中常用的合同主要是劳动合同。

劳动合同，也称“劳动契约”，按《劳动法》十六条的规定，劳动合同是“指劳动者与用工单位之间确立劳动关系，明确双方权利和义务的协议。”通俗地讲，劳动合同就是劳动者与用人单位(企业、事业、机关、团体等)之间关于确立、变更、终止劳动权利和义务的协议。这种协议，对合同的双方都具有法律约束力，而且是标志双方关系形成的书面证据或法律凭证。

劳动合同的内容由必备条款和非必备条款共同组成。必备条款是指依据法律规定，劳动合同的主体双方应当在合同中共同约定的内容。这些必备条款，有一些是出于保护劳动者权益的目的，如工资、工时、休假等条款；另一些便于以后进行争议处理，如主体双方的具体信息资料。必备条款的具体要点是，《劳动合同法》第十七条有明确规定：“劳动合同应具备以下条款：(一) 用人单位的名称、住所和法定代表人或者主要负责人；(二) 劳动者的姓名、住址和居民身份证或其他有效身份证件号码；(三) 劳动合同期限；(四) 工作内容和工作地点；(五) 工作时间和休息休假；(六) 劳动报酬；(七) 社会保险；(八) 劳动保护、劳动条件和职业危害防护；(九) 法律、法规规定应当纳入劳动合同的其他事项。

除此之外，第十七条还简约地规定了非必备条款：“劳动合同除前款规定的必备条款外，用人单位与劳动者可以约定试用期、培训、保守秘密、补充保险和福利待遇等其他事项。”劳动主体的一方或双方对这些非必备条款的忽视，都会为以后的劳动纠纷或争议埋下无法避免的隐患。

劳动合同主要作用有三：

(1) 劳动合同是公民实现劳动权的重要保障，也是构建和发展和谐稳定的劳动关系的实际需要。

(2) 劳动合同是用人单位合理使用劳动力、巩固劳动纪律、提高劳动生产率的重要手段。

(3) 劳动合同是防止发生劳动争议的重要措施。

按照劳动合同期限的长短，劳动合同可划分为三种：有固定期限的劳动合同、无固定期限的劳动合同、以完成一定工作为期限的劳动合同。按照劳动合同产生的方式，可划分为三种：录用合同、聘用合同、借调合同。按照劳动者人数的不同，可划分为两种：第一

种是个人劳动合同，一般由劳动者个人同用人单位签订；第二种是集体合同[①]，一般指在中外合资企业中，由工会代表劳动者集体同企业签订的合同。还有一种比较特殊的类别——劳务派遣协议[②]，其近似于集体合同，但又不同于集体合同，是按照一个单位和另一个单位之间建立劳动关系而形成的。按照每日工作时间，劳动合同可划分为全日制工合同和非全日制工合同[③]。需要强调的是：《劳动合同法》里分别对集体合同、劳务派遣协议、非全日制工合同这三种劳动合同进行了特殊规定。

劳动合同的形式一般有书面形式和口头形式两种。从《劳动合同法》的内容来看，仍非常重视合同的书面化，这有利于有效地预防劳动争议的发生。但非全日制工合同可以订立口头协议。

## 第四节　档案管理文书及其他

### 一、档案管理文书

1．案例导入

1) 员工履历表

员工履历表是指记载员工工作学习经历、家庭状况等综合情况的表格。参考样式见附录 E。

2) 档案调阅单

档案调阅单用于个人或组织进行调阅员工档案手续时使用，参考样式见附录 F。

2．文体知识

档案管理文书是指用于记录和保存员工档案材料的文书。这些文书形式多样，与不同的员工档案材料内容紧密相联系。

员工档案，是指记录和保存员工在社会活动中的经历和德才表现等情况的材料。这些材料以个人为单元，由人力资源部门设专人统一保管，可以分为十类：第一类，履历材料：历年来的履历表、简历表、登记表及属于个人经历的材料；第二类，自传材料；第三类，鉴定、考核、考察材料；第四类，学历、学位、学习成绩、培训的结业成绩、评聘专业技术职务、考评审批材料、报考学校及毕业登记表等材料；第五类，政治历史审查情况的材料，包括甄别、复查材料和依据材料，党籍、参加工作时间等方面的审查材料；第六类，

① 集体合同，是指工会或者职工推举的职工代表代表职工，与用人单位依照法律法规的规定，就劳动报酬、工作条件、工作时间、休息休假、劳动安全卫生、社会保险福利等事项，在平等协商的基础上进行协商谈判所缔结的书面协议。

② 劳务派遣协议，是指用人单位与派遣公司签订用工合同，同时劳动者与劳务派遣公司签订劳务合同，然后被派遣至用人单位工作，从而形成的一种经由派遣公司而服务于用人单位的协议。

③ 非全日制工合同，是指劳动者以非全日制工的用工形式与用人单位签订的劳动合同。非全日制工，以小时计酬为主，劳动者在同一用人单位一般平均每日工作时间不超过四小时，每周工作时间累计不超过二十四小时。非全日制工合同可以约定口头协议。

参加党团的材料，包括加入共产党、共青团及加入民主党派的材料，党、团员登记材料；第七类，奖励材料；第八类，处分材料；第九类，任免职务、工资待遇、招聘录用、离退休、退职、出国审批等内容的材料，以及参加各种代表会的代表登记表；第十类，可供组织参考的材料。

这些档案材料所用的文书，就因着以上十类材料内容的不同而形式多样：有表格填充类的，如履历表、工资结算表、各种登记表；也有综合活动类的，如自我鉴定、审查报告、入党申请书、聘书等。一定要熟悉这些五花八门的文书，为规范管理这些档案材料打下良好的基础。

## 二、应聘书

### 1. 案例导入

**应　聘　书**

尊敬的刘经理:

您好!

我是上海理工大学一名毕业生，昨天在中国英才网上看到贵公司招聘网络维护工程师的消息，我对这一岗位很感兴趣，而且自信符合贵公司的招聘要求。

今年7月，我将从上海理工大学毕业。我的硕士研究生专业是计算机开发及应用，毕业论文内容是研究 Windows 系统在网络服务器上的应用。这些专业的研究与训练，不仅使我系统地掌握了网络设计及维护方面的技术，同时又使我对当今互联网的发展有了深刻的认识。

大学期间，我刻苦学习，曾获得过六项学科奖学金，发表过三篇专业论文。此外，我还担任过班长、团支书，具有很强的组织和协调能力。强烈的事业心和坚定的责任感使我能够面对困难和挑战，让我获得了很好的锻炼。

互联网促进了整个世界的发展，而贵公司是推动互联网巨大发展的一支重要生力军，如果能将自己所学奉献于中国互联网和贵公司的发展，将是我一生的荣耀。请贵公司能予以考虑。

随附个人简历和个人奖励的复印件。

此致

敬礼!

应聘者 王 辉

2012年11月9日

附件: 1. 个人简历

2. 在校个人奖励证明材料的复印件

3. 已发表的专业论文的复印件

### 2. 格式和写法

应聘书也称应聘信，一般由标题、称谓、正文、落款和联系办法五个部分组成。

1) 标题

应聘书的标题可写“求职信”或“致×××的应聘信”。标题的位置居中，字体略大。

2) 称谓

在标题的下一行顶格写收信单位负责人或人事主管部门领导的姓或姓名，以示对该单位有所了解，后缀“总裁”、“经理”等职衔；无法得知姓名的，可称“厂长”或“经理先生”等。称呼前应加上“尊敬的”作敬语，以示尊重和郑重。

3) 正文

正文是应聘信的主体部分，形式多样，但一般应写明以下内容：开头问候或致谢，介绍自己的基本情况，说明应聘的原因，应聘的具体职位；接着是全文的重点，着重说明自己应聘的条件，通常包括：

① 个人的学历、年龄、专长、经历、业绩；

② 个人的志向、兴趣、性格；

③ 待遇要求(也可不写)。

应聘信备有附录材料的，正文中可不再详述本人学识、经历等内容。应聘信应表明自己干好工作的决心，希望并请求该单位给予面谈的机会。最后以谢语和致敬语做结尾。应聘信的内容既要实事求是，又要投其所需。

4) 落款

应聘信的落款包括署名和日期。通常在姓名前加“求职者”或“应聘者”，后面加上“谨上”、“敬上”等字样，以示礼仪。书写落款，有时还可以详细说明联系地址、通讯方式，但是此部分内容也可以在附件的简历中说明。

5) 联系方法

联系方法包括地址、邮编、电话、E-mail 等。应聘书要详细说明联系电话和地址，以便对方答复。

6) 附件

应聘书的附件一般包括简历、学历、个人奖励等有关证件或材料的复印件。

应聘书写作应特别留意以下方面：

(1) 预先调查研究，做到心中有数。写作应聘书之前，要通过各种途径对应聘职位的有关情况、用人单位的基本情况和招聘活动有关的细节等方面，进行调查研究，做到心中有数。

(2) 紧扣应聘目标，尽量扬长避短。应聘信的内容必须对应相关职位招聘条件，有针对性地选择与自身条件、能力和成绩相符的内容进行陈述，是指在应聘书中恰当展示自己优势条件，从而赢得先机。

(3) 语言要朴实、谦逊、得体。因为诉求对象明确，应聘书语气表达应诚恳、大方、得体，不使用华丽、夸张的辞藻来粉饰自己。要给招聘者留下深刻而美好的印象，从而顺利地赢得工作机会。

**3．文体知识**

应聘书是指求职者根据用人单位发布的职位招聘广告或启事，有目的地表达求职意向

的信函。应聘书与求职信同属一个类型，但应聘书求职目标更为明确和固定，不像求职书目标宽泛，可涵盖多个相近的招聘岗位。

应聘书的特点是：

(1) 明显的针对性。写应聘书的目的是为了向用人单位请求特定的工作职位，应聘的目标很明确。所以要针对求职的目标，揣摩读信人的要求和心理，把握书信的内容和语气，力求做到方向正确、内容集中、重点突出。

(2) 强烈的自荐性。应聘书的诉求对象是确定的，那就是用人单位的人事主管或负责人。求职者必须向这个确定的对象展示、推荐自己，所以信中往往围绕给定的招聘条件，比较充分地展示自己的基本素质和成绩，有的放矢地表明自己胜任工作的条件和能力。

(3) 独特的个性特征。招聘的职位竞争激烈，应聘人只有通过应聘书展示自己的特长和风格，才有可能从人群中脱颖而出。因此，应聘书在内容和形式上都应力避平庸，以不同于他人的个性化特征，给用人单位以独特而深刻的印象。

## 三、自我鉴定

### 1. 案例导入

**自 我 鉴 定**

本人近一年以来，能积极参加政治学习，关心国家大事，拥护党的各项方针政策，力求不断进步；遵守校纪校规，尊敬师长，团结同学；学习目的明确，态度端正；钻研业务，勤奋刻苦；班委工作认真负责，关心同学，热爱集体，有一定奉献精神。

不足是学习成绩需进一步提高。今后我一定提高成绩，克服不足，争取更大进步。

吴雪梅

2010 年 8 月 8 日

### 2. 格式和写法

自我鉴定的结构由标题、正文和落款三部分组成。

1) 标题

标题有两种形式：一种是性质内容加文种构成，如《学年教学工作自我鉴定》；另一种是用文种“自我鉴定”作标题。如果是填写自我鉴定表格，可不写标题。

2) 正文

正文由前言、优点、缺点、今后打算四部分构成。

前言：概括全文，常用“本学年个人优缺点如下”或“本期业务培训结束了，为提高成绩，克服不足，以利今后工作学习，特自我鉴定如下”等习惯用语引出正文主要内容。优点：一般习惯按政治思想表现、业务工作、学习等方面逐一写出自己的成绩和长处。缺点：一般习惯从主要缺点写到次要问题，或只写主要的，次要一笔带过。今后打算：用简洁明了的语言概括今后的打算，表明态度，如“今后我一定要刻苦学习，争取更大的进步”等。

自我鉴定的正文行文，可用一段式，也可用多段式。要实事求是，条理清晰，用语准确。最后，还需要注意以下方面：对自己的总结和评价要真实，符合自己的实际情况，切忌夸大、吹嘘和千篇一律；语言要概括、简练，条理要分明。

3. 文体知识

自我鉴定就是个人在一个时期、一个年度、一个阶段对自已的学习和工作生活等表现做一个全面的剖析和总结。其特点是篇幅短小，语言简练，具有评语和结论的性质。自我鉴定，不但可以总结以往思想、工作、学习，提高成绩，克服不足，指导今后工作；而且还可以帮助领导、组织、评委了解自己，为个人入党、入团和职称评定、晋升提供真实可靠的依据材料。重要的自我鉴定将成为个人历史生活中一个阶段的小结，具有史料价值，被收入个人档案。

## 四、劳动仲裁申诉书

1. 案例导入

### 劳动争议仲裁申诉书

申诉人：张雪，女，汉族，生于1980年10月2日，旭日电器有限公司职员，住东海市汉阳区189弄67号209室，电话：67458996。

被申诉人：旭日电器有限公司，地址：东海市乐浦区飞达路1899号，法定代表人：吴鑫泉，电话：56439778。

请求事项：

1. 要求被申诉人办理退工手续。

2. 要求被申诉人支付2012年春节三天的加班工资900元。

3. 要求被申诉人支付两个月工资的经济补偿金4000元。

事实和理由：

申诉人张雪，在2010年8月经招聘进入被申诉人旭日电器有限公司工作，双方签订了劳动合同，期限自2010年8月15日至2012年8月14日，约定申诉人在被申请人处担任出纳，每月工资2000元，当月工资于下月5日发放。被申诉人为申诉人办理了招工录用手续。工作期间，申诉人任劳任怨，有时根据被申诉人的安排加班加点，但被申诉人从未按照法律规定足额支付申请人加班工资。2012年3月15日，被申诉人向申诉人发出提前解除劳动合同通知书。该通知书上写明：双方的劳动关系于2012年4月14日解除，被申诉人将支付申诉人工资至2012年4月14日。申诉人在被申诉人处工作至2012年4月14日，但被申诉人至今未办理退工手续，也未支付经济补偿金。

申诉人认为，根据《东海市单位招工、退工管理办法》的规定，用人单位与全工时制职工终止或解除劳动关系后，应在7日内办妥退工登记备案手续。现双方劳动关系已于2012年4月14日解除，故要求被申诉人办理退工手续。

根据《劳动法》相关规定，用人单位安排劳动者法定休假日工作的，支付不低于工资的百分之三百的工资报酬。现被申诉人未按照法律规定足额支付申诉人加班工资，故要求

被申诉人补足申请人 2012 年春节期间的加班工资。根据《东海市劳动合同条例》，用人单位与劳动者解除劳动关系的，应当根据劳动者在本单位的工作年限，每满一年给予劳动者本人一个月工资收入的经济补偿。现申诉人在被申诉人处工作满 1 年 8 个月，故要求被申诉人按 2000 元/月支付申诉人两个月工资的经济补偿金。

综上所述，申诉人向贵会提出申请，要求依法保护劳动者的合法权益。

东海市乐浦区　劳动争议仲裁委员会

申请人：张 雪

2012 年 5 月 9 日

附件：1. 副本 1 份

2. 证物 2 件

3. 书证 2 件

证据材料清单

| 编号 | 材料内容 | 页数 |
| --- | --- | --- |
| 1 | 劳动合同 | 3 |
| 2 | 考勤卡 | 2 |
| 3 | 加班申请单 | 5 |
| 4 | 工资单 | 2 |
| 5 | 加班工资计算表 | 1 |

提交人(当事人或代理人)签名：张雪

仲裁机构签收确认：

注：提交证据材料，需同时提交证据材料清单(一式二份)。

---

**2. 格式和写法**

劳动仲裁申诉书是劳动争议当事人向劳动仲裁机构申请解决劳动争议所提交的法律文书。劳动争议申诉书主要为四个部分：申诉双方的基本信息，请求事项，事实和理由(包括主要证据)，落款和附件。

劳动争议仲裁申诉书的第一部分是申诉人、被诉人的基本信息，包括姓名、性别、年龄、国籍、民族、工作单位、住址、电话、邮编等。其中特别注意的是：被诉人的具体信息要准确无误，如被诉人是用人单位，应写明法定代表人姓名、职务。

劳动争议仲裁申诉书的第二部分是请求事项。申诉人要简要概括地提出自己的明确要求，无需详述其要求的来龙去脉。

劳动争议仲裁申诉书第三部分是事实和理由，是指仲裁请求及所依据的事实和理由。首先，应当写明争议发生的时间、地点、原因、经过和结果等，并重点写明当事人之间权益争议的具体内容和焦点，同时还要列举主要证据(包括书证、物证、证人证言、当事人陈述、被诉人答辩、鉴定结论、勘验笔录等)。其次，依据法律规定分清是非，明确责任，注意论证所提要求的正确性、合法性。

劳动争议仲裁申诉书第四部分是落款和附件。劳动争议仲裁申诉书的落款包括呈送的仲裁机构名称、申诉人姓名或名称(签章)、申请时间。附件应写明提交的副本份数(按被申

诉人人数提交)，物证、书证的件数。

撰写劳动争议仲裁申诉书，还要注意以下方面：

第一，撰写劳动争议仲裁申诉书前，应当对有关劳动争议仲裁申诉书的基本知识有所了解。这包括劳动争议的含义、劳动争议仲裁的时效范围、劳动争议仲裁的受理机构、申诉者的条件等。

特别是对劳动争议具体情况的了解，也就是对劳动争议的含义的认识。以下四种情况，均属于劳动争议含义的范畴：① 因企业开除、除名、辞退职工和职工辞职、自动离职发生的争议；② 因执行国家有关工资、保险、福利、培训和劳动保护的规定发生的劳动争议；③ 因履行劳动合同发生的争议；④ 法律法规规定的其他争议。

劳动争议的时效范围是：当事人应当在劳动争议发生之日起60日内提出仲裁。受理劳动争议仲裁的机构，一般是申诉人的用人单位注册所在地的劳动争议仲裁委员会。

提出仲裁申请的，必须是该劳动争议的当事人，其朋友、同事、家属都不能替代申请。如果申请的劳动争议属集体劳动争议，当事人应推举代表参加仲裁，申请仲裁时应提交全体争议当事人签名的授权委托书。

第二，请求事项应当写得明确、具体、合法、相对固定。请求事项不要含糊、笼统，不要提无理要求，不要任意变换。事实与理由的陈述，要实事求是，有理有据。以法律作为依据，注意准确恰当地援引法律条文进行论证，阐明自己主张的合法性，以求得仲裁庭的认同，切忌牵强附会、断章取义。

第三，语言要严谨规范、结构详略得当、条理清晰。劳动争议仲裁申诉书，作为法律文书的一种，其申诉当事人、请求事项、依据条款等叙述应当符合法律规范，措辞要严谨周密。特别是对关于证据的陈述，尤为重要。措辞不严密或歧义，就会直接影响证据的有效性，甚至导致申诉失利。从全文结构来看，请求事项应该简练概括，对事实前因后果的陈述应该条理清晰、连贯，不颠三倒四、详略不分。

## 人力资源管理文书实务训练

(一) 找一本或两本完整的员工手册，结合教材中的理论知识，进行比较，看看有何不同。

(二) 下面是华为公司早期的员工手册中的一节——《致新员工书》。仔细阅读后，你是不是觉得该文表述方式“严厉”而激情四溢，但作为致辞却篇幅过长？如果你是一个员工手册的编撰者，对此不满意，就请你用“温柔”而坚韧刚强的表述方式对之进行修改完善，并力求篇幅简短，然后看看效果如何。

### 致新员工书

您有幸进入了华为公司。我们也有幸获得了与您的合作。我们将在共同信任和相互理解的基础上，度过您在公司的岁月。这种理解和信任是我们愉快奋斗的桥梁和纽带。

华为公司是一个以高技术为起点，着眼于大市场、大系统、大结构的新兴的高科技企业。

公司要求每一位员工，要热爱自己的祖国，任何时候、任何地点都不要做对不起祖国、对不起民族的事情。

相信我们将跨入世界优秀企业的行列，会在世界通信舞台上，占据一个重要的位置。我们的历史使命，要求所有的员工必须坚持团结协作，走集体奋斗的道路。没有这种平台，您的聪明才智是很难发挥并有所成就的。因此，没有责任心，不善于合作，不能集体奋斗的人，等于丧失了在华为进步的机会。那样您会空耗宝贵的光阴，还不如在试用期中，重新决定您的选择。

进入华为并不就意味着高待遇，公司是以贡献定报酬，凭责任定待遇的，对新来员工，因为没有记录，晋升较慢，为此，我们十分歉意。但如果您是一个开放系统，善于吸取别人的经验，善于与人合作，借别人提供的基础，可能进步就会很快。如果封闭自己，总是担心淹没自己的成果，就会延误很长时间，也许到那时，你的工作成果已没有什么意义了。

机遇总是偏向于踏踏实实的工作者。您想做专家吗?一律从工人做起，进入公司一周以后，博士、硕士、学士，以及在公司外取得的地位均已消失，一切凭实际才干定位，这在公司已经深入人心，为绝大多数人所接受。您就需要从基层做起，在基层工作中打好基础、展示才干。公司永远不会提拔一个没有基层经验的人来做高级领导工作。遵照循序渐进的原则，每一个环节、每一级台阶对您的人生都有巨大的意义。不要蹉跎了岁月。

希望您丢掉速成的幻想，学习日本人的踏踏实实，德国人的一丝不苟的敬业精神。您想提高效益、待遇，只有把精力集中在一个有限的工作面上，才能熟能生巧，取得成功。现代社会，科学迅猛发展，真正精通某一项技术就已经很难了，您什么都想会、什么都想做，就意味着什么都不精通。您要十分认真地对待现在手中的任何一件工作，努力钻进去，兴趣自然在。逐渐积累您的记录。有系统、有分析地提出您的建议和观点。草率的提议，对您是不负责任的，也浪费了别人的时间，特别是新来的员工，不要上班伊始，哇啦哇啦。要深入具体地分析实际情况，发现一个环节的问题找到解决的办法，踏踏实实、一点一滴地去做，不要哗众取宠。

实践改造了人，也造就了一代华为人，它充分地检验了您的才干和知识水平。只有不足之处不断暴露出来，您才会有进步。实践再实践，对青年学生尤其重要。唯有实践后用理论去归纳总结，我们才会有飞跃有提高，才能造就一批业精于勤，行成于思，有真正动手能力、管理能力的干部。有一句名言：没有记录的公司，迟早要垮掉的，就个人而言，何尝不是如此?

公司采取以各部门总经理为首的首长负责制，它隶属于各个以民主集中制建立起来的专业协调委员会。各专业委员会委员来自相关的部门，按照少数服从多数、民主集中制的原则，就重大问题形成决议后由各部门总经理去执行。这种民主原则，集中了集体智慧，避免了一长制中的片面性，自强、自律，这也是公司6年来没有摔大跟头的重要因素之一。民主管理还会扩展，权威作用也会进一步加强，这种大民主、大集中的管理，还需要长期探索、不断完善，希望您成为其中一员。

您有时可能会感到公司没有真正的公平与公正。绝对的公平是没有的，您不能对这方面期望值太高。但在努力者面前，机会总是均等的，只要您努力，您的主管会了解您的。要承受得起做好事反受委屈的考验。按受命运的挑战，不屈不挠地前进。没有一定的承受能力，不经几番磨难，何以成为栋梁之才。一个人的命运，毕竟掌握在自己手上。生活的评价，是

会有误差的，但决不致于黑白颠倒，差之千里。您有可能不理解公司而暂时地离开，我们欢迎您回来，只是您更要增加心理承受能力，连续工龄没有了，与同期伙伴的位置拉大了。我们相信您会加步赶上，但时间对任何人都是一样长的。

公司的各项制度与管理，有些可能还存在一定程度的不合理，我们也会不断地进行修正，使之日趋合理、完善，但在正式修改之前，您必须严格遵守。要尊重您的现行领导，尽管您可能很有能力，甚至更强，否则将来您的部下也不尊重您。长江后浪推前浪，青出于蓝而胜于蓝，永远是后面的人更有水平，不贪污、不腐化。严于律已，宽于待人。坚持真理，善于利用批评和自我批评，提高自己，帮助别人。作为一个普通员工要学会做事，做一个高中级干部还要学会做人，做一个有高度责任心的真正的人。

在公司的进步主要取决您的工作业绩，也是与您的技术水平紧密相连的。一个高科技产业，没有高素质的员工是不可想象的。公司会有计划地举行各项教育与培训活动，希望能对您的自我提高、自我完善有所帮助。业余时间可安排一些休闲，但还是要有计划地读书学习。不要搞不正当的娱乐活动，绝对禁止打麻将之类的消磨意志的活动。公司为您提供了一些基本生活服务，可能还不够细致，达不到您的要求，对此我们表示歉意。同时还希望您能珍惜资源，养成节约的良好习惯。为了您成为一个高尚的人，受人尊重的人，望您自律。

要关心时事，关心国家民族的前途命运，提高自己的觉悟。不要卷入政治漩涡。要承认只有共产党才能领导中国，否则就会陷入无政府主义。一个高速发展的经济社会，没有稳定，没有强有力的领导，是不可想象的，共产党的缺点，应该通过整党和教育来解决。我们可以帮助她，但必须是善意的。

发展是生存的永恒主题。公司将持之以恒地反对高中层干部的廉价腐化，反对工作人员的懈怠。因为不消除这些弊端，您在公司难以得到充分的发展；不清除这些沉淀，公司发展也将会停滞。

公司在飞速的发展，迫切地需要干部，希望您加快吸收国内外先进的技术和卓越的管理经验，加速磨练，不断与我们一同去托起明天的太阳。

公司总裁：任正非

一九九四年十一月一日

(三) 从网上下载三份不同类型的劳动合同样本，看它是否做到合同条款完备，内容明确？然后看看彼此有何不同？

(四) 课前收集劳动纠纷案例，在课堂上围绕签订劳动合同应注意的事项展开讨论。

(五) 请修改下面一则应聘书。

## 应　聘　书

天华公司人事部：

从报上看到贵公司招聘市场营销员的启事，我衡量了自己的条件，认为比较符合你们三个招聘要求，特此写信应聘。

首先，我是中专营销专业的毕业生，并已在一个企业做过两年市场营销工作，对市场比较熟悉，有一定的营销经验，如蒙录用，可以比较快地进入工作岗位，省去培训的时间。第

二，我虽然快31岁了，但离你们不超过35岁的要求还差4岁。我身体比较健壮，生在农村，爬山走路都不会落后于小青年，而且年纪大点，比较老练，尤其是做营销，大有大的优点。第三，我有一个孩子，放在乡下由我父母亲照顾，他们一向支持我工作，我丈夫也在城里工作，并有一间租房，因此没有后顾之忧，也不会给企业增添麻烦。

我对每月的工资没有过高的要求，相信只要我们努力工作，今后企业发展了生意更好了，员工的待遇一定也会提高的。只是有一个要求，遇到节假日最好不要安排加班，让我回去看看孩子，尽几天母亲的责任。

以上情况供你们录用时参考，如蒙聘用，一定努力工作，不负厚望。

应聘人　王一正

二〇〇七年六月六日

联系地址：本市勤民路华光商贸学校宿舍201室转。

附：简历、身份证、中专毕业证书复印件各一份。

### (六) 根据下面的介绍材料，拟写一份应聘书。

假如你是市场营销专业的应届毕业生，从东州日报纸上看到海力集团公司招聘产品销售代表的信息，请向人力资源部写一封应聘书推荐自己。

职位描述：1. 负责渠道的搭建与空调销售网络的运行；2. 所辖区域目标客户的沟通及空调产品的进店；3. 所辖区域内空调产品销售额的增长、市场份额的增长、销售定单准确率的提升、品牌形象的提升；

招聘要求(参照教育、专业、工作经验、知识与技能)：

1. 本科以上学历；2. 市场营销专业优先；3. 有良好的沟通能力；4. 思路清晰，能与用户进行积极有效的沟通；5. 与企业同心同德；6. 身体健康。

请合理虚构自己毕业时的个人学业、持证数量及能力素质情况，向该公司写一份应聘书。

### (七) 修改下面一篇自我鉴定。

## 自我鉴定

本学期即将结束，通过这一学期的学习，我感觉我自己懂得了许多，不论是学习、生活、工作，还是人生观、价值观等方面都得到了极大地提高。本学期主要是专业课的学习，使我更明白了经济管理这一专业的重要性及应用领域，为我今后参加工作做了指引，增加了学习、工作的信心。下面从以下几方面进行自我评价：

一、学习上。通过日常的学习，使我掌握了本专业的基础知识，增加了对这一专业的兴趣爱好。在课余时间，考取了会计证，为本专业的学习增添了色彩，为以后参加工作做了铺垫。

二、工作、生活上。可以对一些社会现象、公司案例等进行一些专业的分析，比以前的盲目猜测有了很大的进步。利用假期时间，找了一份实习工作，对掌握的基础知识进行了实践，在实践中巩固、温习已学的知识，是理论与实践相结合最佳方式，丰富了日常生活锻炼了专业技能。

三、在人生观、价值观上。以前，感觉学习就是为了赚钱，现在明白了，学习最重要的是为了自我提高，提高自己的修养、素质，丰富自己的内心世界，培养自己的兴趣爱好，不断追求更高的理性目标，实现更大的人生意义。

通过学习、教育，使我懂得了许多道理，明白了人生目标。我希望我以后会更加知理、知情，使人生观、价值观能得到更高层次的提高。

(八) 假定你现在即将毕业，必须向学校上交一份自我鉴定，回想自己几年的学习生活，请结合你的所学专业，以及自己实践体会，对自己进行回顾和评价，然后撰写一份贴切的自我鉴定。

(九) 仔细阅读下面一篇劳动争议仲裁申诉书，指出其不足或错误之处，然后按规范要求加以修改完善。

申诉人：梅忠厚，男，41 岁，汉族，重庆市潼南第四建筑工程公司职工，住址：铜梁县水口镇柏树村 5 组。

被诉人：重庆市潼南第四建筑工程公司，地址：重庆市潼南县梓潼镇接龙街 45 号，法定代表人：张万发，职务：董事长。

一、案由：工伤

二、请求事项：

1、请求依法裁决被诉人赔偿申诉人医药费、后续治疗费、停工留薪期间工资、一次性伤残补助金、一次性工伤医疗补助金、一次性伤残就业补助金、鉴定费等 62 377.9 元；

2、仲裁费用由被诉人承担。

三、事实与理由：

2004 年 7 月，申诉人经人介绍到被诉人承建的重庆市江北区“东方港湾”工地做木工，双方未签定劳动合同，工资为每天 50 元，按月支付。2004 年 9 月 20 日上午，申诉人在“东方港湾”C 区 B7 栋三楼支架过门梁的木模时摔倒致使右髌骨等多处受伤。被诉人后派人将申诉人送至重庆市铜梁县人民医院医治至 2005 年 1 月 8 日，同日转至西南医院治疗至 2005 年 1 月 18 日出院，后转至第三军医大学附属第一人民医院门诊部治疗。因未彻底痊愈至今仍在重庆市铜梁县中医院门诊部做恢复治疗。

由于被诉人未按照《工伤保险条例》规定在事故发生后 30 日内提出工伤认定申请，申诉人于 2005 年 2 月 23 日向重庆市潼南县劳动和社会保障局申请工伤认定，2005 年 4 月 18 日重庆市潼南县劳动和社会保障局认定申诉人受伤性质为工伤。2005 年 6 月 22 日向重庆市潼南县劳动和社会保障局申请劳动能力鉴定，经鉴定，申诉人伤残等级为八级。

综上所述，申诉人作为劳动者在被诉人处工作，被诉人负有保护申诉人人身安全的义务，其在工作时受伤，理应享受工伤保险待遇，而被诉人至今未按规定向申诉人支付相关的费用，为保护申诉人的合法权益，根据我国《劳动法》和《工伤保险条例》等相关规定，特向你会提请仲裁，请求依法裁决如上请求。

此致

梅 忠 厚

(十) 请根据下文材料，拟写一份劳动仲裁申诉书。

王凯 2009 年 7 月初进入本市一家中外合资企业从事生产一线操作工工作。企业与王凯

签订了为期 2 年的劳动合同，双方在合同中约定了每月的工资报酬。由于企业生产的产品具有季节性，有时候生产空闲，有时候产品供不应求。所以，企业向人力资源社会保障行政部门申请了实行综合计算工时工作制。为了完成企业的生产任务，企业在生产忙的时候经常延长工作时间。今年 6 月底，因劳动合同到期，双方终止了劳动关系。在办理离职手续时，王凯要求企业支付 2 年来超时加班的工资，企业未予理睬。王凯与企业多次交涉未果。无奈之下只能向劳动仲裁委员会提出申请仲裁，要求企业支付超时加班的工资报酬。

注意：要符合该文体的写作规范，部分内容可合理虚拟。

# 第四章　法务文书写作

学习目标

- **理论目标**

了解契约性文书的特点及其在经济管理领域的运用规范；掌握合作备忘录、协议、合同的内容结构和写作注意事项。

- **案例目标**

使学生对契约性文书的特定格式、内容、结构和语言等要求有所了解；掌握合作备忘录、协议、合同写作的规范要求。

- **实务目标**

使学生掌握契约性文书的书写方法，能按照既定格式撰写合作备忘录、协议、合同等业务往来文书。

## 第一节　概　　述

案例导入

**先交朋友后做生意？**

刘刚是一个做快速消费品代理公司的总经理，人很讲义气，经常和客户喝喝酒，聚聚会，每次“先交朋友，后做生意”不离嘴。大家知道刘刚的性格，也愿意结交他这个朋友。刚开始刘刚的生意确实红火过一阵子，但公司规模一直不大，而且，几年来，公司的应收帐款越来越多。公司的其他人劝他，不能只和朋友做生意，这样做不大，并且，生意上的朋友也不见得可靠。他听了，不但不接受，而且很生气，觉得这些人是在诋毁自己的朋友，将人家训斥了一顿。后来，应收帐款太多了，公司现金流快要断掉了，他只好亲自出马，找生意上的朋友催账，发现有些公司已经不在了，人也找不着了，有些公司又推来推去搪塞他，说不久就给他汇款，他想都是朋友，不会骗他的，但是左等右等，款也不到账，再问，人家公司前不久注销了。最后，刘刚的公司破产了，还欠了一屁股债。刘刚很沮丧，也很困惑：难道相信朋友错了？

思考：

1. 有人说中国传统文化“情理法”上是“情”字当先，这和现代商业文化有很多地方不相容。现代商业文化是契约文化，看重的是平等、法制和信用。你怎么看？

2. 契约文书有哪些作用？

评析：

契约形式所达成的合意通常由权利和义务表现出来。经过反复的要约与承诺，缔约双方达成的合意便物化为当事人之间的权利和义务关系。契约既是权利和义务实现的手段，又是权利和义务形成的条件。

## 一、法务文书的概念

法务文书又称契约文书，契约是一种古老的应用文体。在我国先秦时代特指官府制作的“半分而合”、“两家各得其一”的“判书”，以后逐渐演变为民间借贷、买卖关系的凭证。在当今繁荣复杂的市场经济活动中，签订契约有利于保护当事人的合法权益，维护社会经济秩序；有利于加强经济核算，提高管理水平；有利于主管部门的监督管理；有利于促进和加强社会生产的专业化协作和经济联合。企业管理活动中的法务(契约)文书，主要包括经济合同、协议书、招标书、投标书等。

契约文书的特点：

(1) 政策性。契约文书要依据国家的法律和政策来订立双方共同信守的文书条款，如果违反法律、行政法规的禁止性规定，契约会被认定为无效。

(2) 强制性。契约规定双方必须遵守的权利义务；规范订约双方的意思表示或者事实行为，违约方要承担相应的违约责任。

(3) 互利性。契约由双方本着平等自愿，互惠互利的原则，当事人双方必须就契约条款充分协商，取得一致，契约才能成立。

## 二、契约性文书的写作要求

契约性文书的格式是人们在长期的写作交往实践中约定俗成的，写作时必须共同遵守，不能随意更改。

# 第二节　借　　据

### 1. 案例导入

**借　据**

今A借给B人民币壹万元整，即¥10000.00元，自2006年2月9日至2006年8月8日，期限6个月，利率为每月0.8%，利息共计人民币肆百捌十元整，即¥480.00元，全部本息于2006年8月8日一次性偿还。

借款人：B(签字、手印、签章)

### 2. 格式写法

借据是日后要求主张权利和利益的凭证，必须真实记载当事双方的真实身份及具体事项(如应具体清晰地写明金额、用途、利息、借款时间和还款时间等)。以下几点需特别注意：

1) 格式内容要完整

一个完整的借条包括四个要件：债权人、债务人、欠款内容和归还时间。最后落款要有债务人的签名和时间等内容。

规范的借条应具备如下内容：

① 应写清楚借款人和放款人的法定全名；

② 应写清楚借款金额，包括大写和小写的金额；

③ 应写清楚借款时间期限，包括借款的起止年月日和明确的借款期限；

④ 应写清楚还款的具体年月日；

⑤ 应写清楚借款的利息，应有明确的年利率或月利率，最终应支付的借款利息总额(包括大写和小写金额)等约定；

⑥ 应写清楚借款本息偿还的年月日时间及付款方式；

⑦ 应有借款本人亲自签章、手印或亲笔书写的签名；

⑧ 必要时，应当由担保人签字，并写明担保期限、责任。

2) 注意形式

借据的字里行间不宜有空格空行，否则易被持据人增写其他内容。不要用褪色的笔书写，钢笔用黑墨水或蓝黑墨水。若用圆珠笔或其他易褪色的墨水写字据，遭遇保存不当受潮或水浸时，字迹会模糊不清。

3) 写清标的物

借据中的借款、还款，借物、还物，皆应写清金额、数量，使用大写数字，以防涂改伪造。

4) 内容表述要清晰

如将买写成卖，将收写成付，虽一字之差，却颠倒是非。如以下借条："王某借柳某现金 50000 元，现还欠款 5000 元"。这里的"还"字因有两个读音，既可理解为归还，又可解释为尚欠，就十分不规范。法官审案时，一般按合同法审理，原则是维护社会公平公正。对各执一词的欠条，一般诉诸司法鉴定，或辅以其他证据。但解决此类纠纷的根本办法，还是当事人拥有法律意识和常识，学会写借条，在第一步堵住后患。

**3. 文体知识**

借据，是指借个人或公家的现金或物品时写给对方的条子，就是借条、借据或者借款凭证。借条是确认双方借贷关系成立的原始凭证。钱物归还后，打条人收回条子，就是作废或撕毁。借据作为借一些钱或其他物品以后债主按约定归还钱财或其他物品的凭证，如果没有借条，别人就能赖账或者违约。

借条具有法律效力，一旦产生争议，是可以作为证据向人民法院主张债权的，人民法院也会采信的。按照规定，从外单位取得的借据(原始凭证)，必须盖有出具单位的公章，从个人取得的借据，必须有借款人的签名或盖章，否则，不得付款。

借据是借钱关系的凭证，但借据有时也会暗藏玄机，如果不留神，就会造成损失和麻烦。现实中，以下常见四种情况需要注意：

一是"模糊型"借条。有的借款人在借据上标明"与合伙人结算后归还借款"、"支付

货款后还钱”、“赚钱后还款”等字眼，当债权人要求其还债时，借款人会以借条上约定的条件尚未成熟，还款期限未到为由进行抗辩，为还款设置障碍。

二是“随意型”借条。有的借款人书写借据时，常常用阿拉伯数字来表示借款数额。如张某向刘某借了100元，但还款时刘某要张某还700元，就是因为刘某在数字上做了手脚，把“1”改成了“7”。

三是“无头型”借条。有的借款人在书写借条时故意不写自己的名字或出借人的名字，使借据从字面上看不出是谁和谁的债务。一但借款人耍赖，就会给债权人追索欠款增加很大的麻烦。

四是“变种型”借条。此类借条就是把借款关系异变成为投资合伙关系，如张三向李四借款2万元，而张三却把借条写成“收条”，注明“收到李四2万元”后张三与他人做生意亏损了，张三就串通他人说李四也是合伙人，这“2万元”属合伙投资，所以写收条而没有写借条。既然大家合伙做生意亏了，当然就不应该返还投资。李四有口难辩。

## 第三节　经济合同

### 1. 案例导入

**房屋买卖合同样本**

甲方：________　　　　　　　　　　乙方：________

依据《中华人民共和国合同法》及相关法律法规之规定，买卖双方本着平等、自愿、协商一致的原则，就房屋买卖有关事项，达成如下协议：

第一条：房屋基本情况

乙方购买甲方合法拥有的坐落于________市________区________________，产权证第____________号，建筑面积__________平方米的房产一套。

第二条：付款方式

1. 双方议定上述房产出售价格为________________________元整。此房价款为甲方净价，甲方不支付交易中的任何费用。

2. 甲方收到乙方定金______________________元整，待乙方申请的贷款批准后，即可为乙方准备办理过户手续。甲方需积极配合乙方办理贷款手续。(以收据收条为准)

3. 办理过户手续当日乙方交付甲方首付款__________元整。(以收据收条为准)

4. 余款________________________元整，由银行直接划拨给甲方。

5. 买卖上述房产交易过程中产生的一切费用，均由乙方承担缴纳，甲方不承担任何费用。

第三条：房屋过户

甲乙双方应积极配合办理过户手续，因甲乙任何一方不配合所造成的损失，由责任方赔偿守约方。

第四条：双方责任

1. 甲方保证出售房产符合国家房产上市的规定，并保证产权清晰，无抵押、查封和任何纠纷，保证所提供的材料真实有效，不含虚假内容，若有违反上述约定造成的责任由甲方承担。

2. 甲方应在_____年_____月_____日将该房产交付乙方(以银行划拨余款日为准)。室内现有家电、家具随房屋交接赠送给乙方。

3. 甲方结清该房屋交接日期前的所有费用，交接后发生的费用由乙方承担。

4. 甲方在本合同生效之日起_________日内将户口迁出。

5. 乙方贷款数额不足时，应用现金补齐，否则视为违约。

6. 房屋公共维修基金随房产转移。

第五条：合同变更

1. 在合同履行期间，任何一方不得擅自变更，若需变更合同内容，应书面通知对方，征得对方同意后在规定时间内(书面通知发生三日内)签订变更协议，否则造成损失由责任方承担。

2. 本合同的补充协议与本合同具有同等法律效力。

第六条：违约责任

本合同签订后，双方不得违约，如甲方违约，双倍返还乙方定金，如乙方违约，定金不退。

第七条：合同争议的解决

本合同履行过程中，如发生争议，甲乙双方应协商解决，解决不成时，可向有关有管辖权的人民法院起诉。

第八条：本合同经甲、乙双方签字之日起即生效。

第九条：本合同共____页，一式___份，甲、乙双方各执一份，均具有同等效力。

第十条：其他约定

甲　　方：________　　　　乙　　方：________
身份证号：________　　　　身份证号：________
电　　话：________　　　　电　　话：________
现 住 址：________　　　　现 住 址：________
签约日期：________　　　　签约日期：________

---

**2. 格式写法**

一份完整的条文式合同基本包括以下五个方面：

1) 标题

标题即合同的名称，主要用于提示合同的性质、种类，一般由业务性质、文种两部分组成，如“建筑工程承包合同”、“农副产品购销合同”等。

合同签订日期、合同编号，有时还有签订地点，常作为合同标题的副项用小号字置于标题右下方。

2) 合同当事人标注

合同当事人标注，是指要写明合同当事人各方的名称。具体形式为：先在标题下方标明“立合同单位”或“立合同者”，接着并列写出各方名称。为了行文方便，多在单位名称后面加括号，注明该单位“以下简称甲方(或‘供方’，或‘卖方’等)”和“以下简称乙方(或‘需方’，或‘买方’等)”。

3) 正文

正文是经济合同的核心部分，一般包括以下四个部分。

(1) 开头。

开头一般交代签订合同的目的和依据。大多数的合同立约开始语是“根据(为了)……，经双方协商，特订以下条款，以资共同遵守”。

合同开头的这个意思可详可略，但必不可少。它是本合同经过了“要约”和“承诺”的过程，是合乎法律程序的表白。

(2) 主体。

主要是需写明立约条款，要逐条写明双方议定的条款。按照《中华人民共和国合同法》的规定，经济合同应具备以下主要条款：

① 标的。标的是指合同当事人双方权利和义务共同指向的对象。它因合同的具体内容的不同而异，可以是货物，也可以是货币，还可以是劳务或工程项目等，如“购销合同”中的标的是产品或商品；“借款合同”中的标的是货币。同一商品有不同的规格、不同的商标，这些都要写得具体清楚，没有标的或标的不明确的合同是无法履行的。

② 数量和质量。数量和质量是标的的具体化，也是衡量标的的指标，确定权利义务大小的尺度。

数量是指合同指标的计量，如产品的数量、借款的数额，也包括计算方法、计量单位。

质量是检验标的内在素质和外观形态优劣的标志，如产品的质量要求、包装要求、技术要求、工程项目的标准等，这些都必须规定得详细明确，否则就容易产生歧义，从而导致纠纷。

③ 价款或酬金。价款或酬金简称价金，它是签订合同的一方取得对方产品，完成工程、劳务或智力成果所支付的代价和报酬，以货币数量表示。合同中必须规定价金的单价、总金额、计算标准及结算方式和程序。

④ 履行的期限、地点和方式。履行的期限是双方一致确定的合同兑现的时间，就是履行合同的时间范围。履行的地点是指双方履行合同义务的地方。履行的方式是指双方履行义务的方式、方法，如购销合同是一次性完毕还是分期履行，是供方送货，还是委托代运，或者需方自提等，都应具体写明。

⑤ 违约责任。违约责任又称罚则，是指当事人一方(或双方)在违反合同条款时应承担的责任。它对合同履行中可能出现的违约行为，预先订立出彼此同意的处罚规则，经济制裁措施，通过偿付违约金、赔偿金、逾期保管费等方式体现出来。

违约责任对督促合同双方当事人信守履行合同的义务、严肃合同纪律、保障合同顺利履行有重要意义，所以不能写得含糊不清，一定要具体明确、切实可行。

(3) 附则。

附则一般写明执行合同时发生意外情况的处置办法，注明合同的有效期、份数及分送单位，合同的检查、修订办法，未尽事宜的处理办法等等。

(4) 附件标注。

附件是合同中必需的但又无法写进具体条款中的内容，用附件形式列于合同后，有补充说明和资料凭证的作用。附件是经济合同的组成部分，同样具有法律效力。若有附件应在附则后标明附件的名称、份数、页数，没有附件的则不写。

4) 落款

在正文的下方写明合同当事人单位名称、地址，代表姓名，并加盖公章。签约日期在“标题”中未写的，在此处要写全。如果有主管部门和鉴证机关公证的，也要写明机关名称，并加盖公章。如有必要，还应注明双方的地址、电话号码、电报挂号及开户银行、账号等，视需要决定详略。这些既是当事人身份资格的证明，又利于双方相互联系。

**3. 文体知识**

经济合同是一种体现当事人权利义务平等关系的经济文体，也是一种法律文书。国家以立法的形式对其内容及签订原则等作了具体要求，写作时必须首先体现平等、合法的原则。1999 年 3 月 15 日第九届全国人民代表大会第二次会议通过的《中华人民共和国合同法》第一章第二条指出：“本法所称合同是平等主体的自然人、法人、其他组织之间设立、变更、终止民事权利义务关系的协议。”这是对合同概念的权威解释。

在当今繁荣复杂的市场经济活动中，签订合同有利于保护当事人的合法权益，维护社会经济秩序；有利于加强经济核算，提高管理水平；有利于主管部门的监督管理；有利于促进和加强社会生产的专业化协作和经济联合。

经济合同的每项条款都直接关系到签约各方的经济责任和经济利益，残缺不全的合同在法律上常常是无效的，一旦引起纠纷，就没有解决的依据。因此撰写合同还必须注意内容的真实、完整、明晰、准确。真实，是指表达当事人的意愿要实事求是，不允许玩弄辞藻，掩饰违法的经济行为或者欺骗对方；完整，是指把条款尽量齐全地规定出来，按照不同标的的特点加以具体化，使之全面、周严，便于履行；明晰，是指各项条款都要写得明白清楚，如产品的技术标准、计量单位、包装规格等都要写得清清楚楚，专业术语要规范化；准确，是指表述的语言精确到位，经过字斟句酌，严格推敲，切记不能模棱两可、含糊其辞。

经济生活的复杂丰富性决定了经济合同的多样性。依不同标准，合同有多种分类，按业务性质和内容划分是目前最常用的分类方法。我国《合同法》的“分则”部分把常用合同按业务性质和内容分为 15 类，并对其条款作了具体规定。这 15 类合同是：

(1) 买卖合同。买卖合同又称购销合同，是出卖人转移标的物的所有权于买受人，买受人支付价款的合同。

(2) 供用电(水、气、热力)合同。供用电(水、气、热力)合同是供电(水、气、热力)人向用电(水、气、热力)人供电(水、气、热力)，用电(水、气、热力)人支付电费的合同。

(3) 赠与合同、回赠与合同。赠与合同是赠与人将自己的财产无偿给予受赠人，受赠

人表示接受赠与的合同。

(4) 借款合同。借款合同是借款人向贷款人借款，到期返还借款并支付利息的合同。

(5) 租赁合同。租赁合同是出租人将租赁物交付承租人使用、收益，承租人支付租金的合同。

(6) 融资租赁合同。融资租赁合同是出租人根据承租人对出卖人、租赁物的选择，向出卖人购买租赁物，提供给承租人使用，承租人支付租金的合同。

(7) 承揽合同。承揽合同是承揽人按照定做人的要求完成工作，交付工作成果，定做人给付报酬的合同。

(8) 建设工程合同。建设工程合同是承包人进行工程建设，发包人支付价款的合同。建设工程合同包括工程勘察、设计、施工合同。

(9) 运输合同。运输合同是承运人将旅客或者货物从起运地点运输到约定地点，旅客、托运人或者收货人支付票款或者运输费用的合同。

(10) 技术合同。技术合同是当事人就技术开发、转让、咨询或者服务订立的确立相互之间权利和义务的合同。

(11) 保管合同。保管合同是保管人保管寄存人交付的保管物，并返还该物的合同。

(12) 仓储合同。仓储合同是保管人储存存货人交付的仓储物，存货人支付仓储费的合同。

(13) 委托合同。委托合同是委托人和受托人约定，由受托人处理委托人事务的合同。

(14) 行纪合同。行纪合同是行纪人以自己的名义为委托人从事贸易活动，委托人支付报酬的合同。

(15) 居间合同。居间合同是居间人向委托人报告订立合同的机会或者提供订立合同的媒介服务，委托人支付报酬的合同。

## 契约性文书实务训练

试指出下面这份合同存在的问题，并提出应如何修改才能符合经济合同的写作要求。

### 交换写字楼合同

甲方：××贸易总公司

乙方：××市广告集团公司

甲乙双方为了便于在穗深两地联系业务，需交换写字楼作为各自的办事处。现本着友好合作的精神制定如下协议：

一、甲方在广州市隆兴路168号大楼中为乙方提供一单元住宅(三房一厅，实用面积不得小于80平方米)作为乙方驻穗的办事处用房。

二、乙方在深圳市为甲方提供同样的一单元住宅，规格同上，作为甲方驻深办事处用房。

三、双方分别负责为对方上述办事处供水、供电及安装电话，以确保日常业务活动的正

常开展。

四、本合同有效期为五年，是否延期届时根据需要商定。

五、本合同自双方同时履约之日起生效。

六、未尽事宜，由双方另行商定。

甲方代表签字　　　　　　　　　　　　乙方代表签字

甲方公章　　　　　　　　　　　　　　乙方公章

年　月　日　　　　　　　　　　　　　年　月　日

# 第五章　公关文书写作

**学习目标**

- **理论目标**

了解公关文书的使用范围及其在经济活动中的作用；熟悉经济管理工作中所使用的社交礼仪文书。

- **案例目标**

熟悉社交礼仪(公关)文书的特定格式、内容、结构和语言要求；培养学生收集和处理信息的能力。

- **实务目标**

掌握社交礼仪(公关)文书的具体格式和写法，能根据具体情景把握分寸、尺度，合理运用富有文采、饱含情韵的文学化的句子来书写公关文书。掌握新闻稿的写法、并能够实际运用。

## 第一节　概　　述

**案例导入**

**加多宝——分贝大挑战**

(一) 活动主题：加多宝——分贝大挑战

网友在线录制声音上传至分贝大挑战活动平台，发出声音越大分贝越大，便越有机会获得排名，赢取排名大奖。过年啦！喊出“过年来罐加多宝”，即有机会赢取 Macbook Air、iPhone 等精彩好礼哦！

(二) 活动时间：2012 年 12 月 25 日——2013 年 2 月 25 日

(三) 参与流程：略

(四) 分贝大挑战互动参与说明：略

(五) 奖品设置及评奖须知：略

(六) 获奖须知：略

(七) 活动声明：略【参与本次活动的用户同意】略

【活动条款的确认和接纳】略　　【活动条款的修改】略

【用户隐私制度】略　　【用户的账号，密码和安全性】略

【免责条款】略

思考：

结合本案例，请你谈谈公共关系文书的作用。

评析：

传播性公关文书就是为了宣传组织的良好形象，为组织的正常运作和发展创造有利的内外部环境而制作的文书。

## 一、公关文书的概念

公关文书是为实现公共关系目的和开展公共关系活动而制作和使用的各种书面材料。一般来说，公共关系文书写作内容较多，但概括起来，主要分为三个方面：

(1) 事务性公关文书：包括简报、公关策划、公关调查报告等。

(2) 传播性公关文书：广告、新闻、演讲等。

(3) 礼仪应酬性公关文书：请柬、祝词、答谢词等。

公共关系文书的写作特点如下：

### 1．明确的实用性

公关文书与一般文书相同，其写作具有明确的实用性。它是为了达到一定的公关目的，在公众中树立良好的组织形象而写作的文书，实用性很强。例如，写公关广告，就是为了宣传组织形象，让公众了解、认知组织，提高组织的知名度，为组织的发展提供良好的舆论环境。因此在书写公关文书时，一定要从实际出发，本着一定的目标而写作。

### 2．内容的真实性

由于公关文书服务于一定的公关目的，所以其内容涉及到的事情、人物、情节、数字，一定要真实、准确，不能有假设虚构，否则就会影响组织声誉，给组织的发展带来不良的后果。

### 3．较强的时效性

公关文书一般讲究时效，要求文书的写作在一定时间内完成，不允许拖拖拉拉，否则就会耽误工作的正常开展，如简报、新闻对时间就有很高的要求，超过时间就毫无意义可谈。

### 4．格式的规范性

公关文书与一般文书一样在写作上有较固定的格式，是指有比较固定的结构层次、习惯用语、称谓、签署等，这样便于书写、阅读，如请柬、信函、广告等。

### 5．作者与读者的特定性

公关文书的作者一般为集体或集体代表，在写作时一定要遵循组织的意图、目标，初稿写成后，还要经过集体讨论，大家提意见，然后修改，最后由负责人审阅通过。写作要求表现出一定的程序化，公关调查报告和公关计划就是这方面突出的代表。其次，公关文书的阅读对象也是特定的，如广告的阅读对象为社会公众，简报的阅读对象是组织领导和内部员工。

## 二、公关文书的写作要求

公共关系文书是社会组织为了实现自己的公关目标和开展公关活动而制作的各种书面文字材料，它是文书在公共关系中的运用。

公共关系文书的语言要求：

1．用词准确

公关文书的真实性要求文书写作要力求用词准确，以达到预期的效果。例如，在介绍产品的广告中，其性能、规格、特点、专家评价、检测等一定要用准确而严密的语言表述出来，否则就有虚假不实之嫌。

2．文字简洁

公关文书要求文字简短，简洁明了，如简报的自述要求千字以内，最多不超过 2000 字；广告、新闻更明确要求文字精练，篇幅简短有力。此外，为了使语言简洁，在信函中还经常使用“此复”、“函告”等习惯用语。

3．语言质朴

公关文书是应用文书，因此要求写作内容实事求是，语言平实质朴，做到易看、易读、易懂，但是语言平实质朴也不等于枯燥无味，有些文体，如请柬的语言就要求富有感情色彩，情真意切，大方有礼；公关广告则要求运用适当的修辞手法使语言具有感染力，以达到引人注目的效果。所以，写公关文书在运用语言时一定要灵活多变，不拘一格。

4．表现得体

公关文书有一定的阅读对象，因此语言要注意得体。例如，请柬对语言的要求要做到文雅、庄重、有礼，还要表现出邀请者的诚意；演讲稿要根据听众和场合的不同，在称谓上有所变化，如曲啸在给一个农场犯人作演讲时，所用的称谓就是经过再三斟酌而定的，他一开始用“犯人们”，觉得不合适，后改为“同志们”，还感觉不当，最后他再三思考，选用了“触犯了法律的年轻朋友们”，这样既符合实际，又很亲切，使当时在场的犯人感动地留下了眼泪。总之，公关文书的语言一定要得体，这样才能发挥其实际作用。

## 第二节　调 查 问 卷

1．案例导入

### 餐厅顾客意见调查问卷

尊敬的顾客朋友：

您好！

××餐厅热烈欢迎您的光临，为了向您提供更优质的服务，不断提高我们的服务质量和水平，我们特请您填写如下的意见表，请将您的想法、意见告诉我们，让我们做得更好，谢谢您的支持！

1. 您是第几次到××餐厅用餐　　(　　)

A. 第 1 次　　B. 2～5 次　　C. 6 次以上

2. 您今天到××餐厅用餐的主要讯息来源是？　　(　　)

A. 朋友介绍　　B. 报纸广告　　C. 杂志广告

D. 户外广告　　E. 网站信息　　F. 其他

3. 您今天到××餐厅用餐的目的是?　(　)

A. 聚餐　　B. 商务　　C. 约会　　D. 主题美食

E. 庆生　　F. 结婚纪念　　G. 其他

4. 您今天到××餐厅用餐后的感觉是?　(　)

A. 非常满意　　B. 满意　　C. 普通　　D. 差

5. 您认为××餐厅最吸引人的特色是?　(　)

A. 菜色丰富　　B. 价格合理　　C. 装潢格调　　D. 服务好

E. 口味好　　F. 促销活动　　G. 节目表演

H. 地段合理，交通方便　　I. 其他

6. 您是否愿意成为××餐厅的会员，并进一步了解餐厅推出的商务服务?　(　)

A. 愿意　　B. 不愿意　　C. 以后再说

7. 对本餐厅的服务员以及厨师的服务是否满意? 您认为还有什么需要改进的地方?

8. 您的资料讯息(选填)

姓名:　　性别:　　联系方式:

您的职业:

您的生日(您很有可能获得意外惊喜喔!):

尊敬的顾客，谢谢您对我们工作的理解和支持，××餐厅全体员工真诚期待您的再次光临!

填表日期: 2012 年　月　日

---

2. 格式和写法

一份完整的调研问卷通常由标题、问卷说明、填表指导、调研主题内容、被访者基本情况等内容构成。

1) 问卷的标题

问卷的标题概括地说明调研主题，使被访者对所要回答的问题有一个大致的了解。问卷标题要简明扼要，但又必须点明调研对象或调研主题。例如:“学生宿舍卫生间热水供应现状的调研”，不要简单采用“热水问题调查问卷”这样的标题。这样无法使被访者了解明确的主题内容，妨碍接下去回答问题的思路。

2) 问卷说明

在问卷的卷首一般有一个简要的说明，用于说明调研意义、内容和选择方式等，以消除被访者的紧张和顾虑。问卷的说明要力求言简意赅，文笔亲切又不太随便。

3) 填表指导

对于需要被访者自己填写的问卷，应在问卷中告诉回答者如何填写问卷。填表指导一般可以写在问卷说明中，也可单独列出，其要点是要求更加清楚，更能引起回答者的重视。例如："问卷答案没有对错之分，只需根据自己的实际情况填写即可"，"问卷的所有内容需您个人独立填写，如有疑问，敬请垂询您身边的工作人员"，"您的答案对于我们改进工作非常重要，希望您能真实填写"等。

4) 调研主题内容

调研主题内容是按照调研设计逐步逐项列出调研问题的，是调研问卷的主要部分。这部分内容的好坏直接影响整个调研价值的高低。问题设计的技巧如下：

(1) 问题要具体，不要笼统、抽象。"您觉得我们企业怎么样？"类似这样的问题，覆盖面太大了，让人不知道该从什么角度回答。可以设计一组问题："您用过我们企业的产品吗？"、"您对我们企业提供的产品满意吗？"、"您觉得我们企业在当地有影响吗？"、"您认为我们企业的名声好吗？"等。

(2) 问题要单一，不要杂糅。"您的父母喜欢我们厂的产品吗？""父""母"是两个不同的被调查对象，答案或许截然不同。

(3) 问题要客观中立，不要渗透个人主观情感色彩。

(4) 用词通俗易懂，不要用生僻词语或专业术语。

(5) 表意清晰，注意使用量词，少用副词、形容词。如"您洗发的次数？A. 一个月 5 次；B. 一周 2 次；C. 经常洗；D. 两周一次"。"经常"是频度副词，无法定量计算，容易造成语义模糊。

(6) 答题形式越简单越好，不要使人感到吃力、烦躁，不愿作答。

(7) 答题所列举的题目要互斥，不要交叉。如"这种食品适合什么人群？A. 男士；B. 女士；C. 教师；D. 工程师"。男士包括教师、工程师，女士也包括教师、工程师，这里所列的四个选项并没有采用同一标准，内容相互包含。

(8) 答题所列举的项目要穷尽各种情况，不能穷尽的要加一项"其他"，不要让有些人找不到自己的选项。"课余时间您经常做什么？A. 体育锻炼；B. 上网；C. 听音乐；D. 做家务"，应该再加上一项"其他"。

(9) 要问近期之事，不要问难以回忆的事。"去年您上了几次美容院？""去年"相隔已久，最好问"上个月"或"上周"。

(10) 问题由简单到复杂排列，让被调查者乐于回答、便于回答。

(11) 问题要带有智慧，适当采用迂回战术，使人不知不觉道出心声。不要问"贵单位待遇好吗？"这种涉及个人收入、年龄、健康等隐私，被调查者不好作答的问题。建议改问："在贵单位人才的使用方面有哪些做法是能激励和鞭策人的？"，"贵单位每年组织员工体检吗？"或"贵单位组织员工旅游吗？"。

**3. 文体知识**

调查问卷是经济管理活动中一种获取信息的常用文书，通过调查问卷可以方便快速地了解调查对象的想法和意见。营销策划工作常把调查问卷作为最基本的物质材料，相比其

他信息收集渠道，调查问卷具有速度快、成本低、信息量大、覆盖面广等特点。调查问卷从短小的表格到详细的说明，可以有不同的规格和多种样式。问卷问题多种多样，可以是开放式的(如你为什么喜欢这家商店？)，也可以是封闭式的(如你在多大程度上喜欢这家商店？请选择非常喜欢、有点喜欢、即不喜欢也不讨厌、有点讨厌、非常讨厌)。开放式问题可让回答者自由发挥，能收集到生动的资料，但开放式问题要求回答者有较高的知识水平和语言表达能力，能够正确理解题意，思考答案，并表达出来，因而适用范围有限。自填式问卷通常不用开放式问题。封闭式问题容易回答，节省时间，文化程度较低的调查对象也能完成，回答者比较乐于接受这种方式，因而问卷的回收率较高。封闭式问题的答案应标准化，统一归为几类，便于填写，也便于统计分析。

## 第三节 调 查 报 告

1. 案例导入

### 关于发展龙胆草产业的调查报告

龙胆草为多年生草本植物，野生于海拔2000米左右的山区、坡地、林缘及灌木丛中。主治湿热黄胆、急性传染性肝炎、胆囊炎、肝火头痛、惊痫狂燥等症。近几年由于其野生资源枯竭，产量下降，而市场需求不断增加，供不应求，价格逐年上涨，已由15元/千克直涨至40元/千克。亩产干品150～200千克，按目前收购价30～40元/千克计算，亩产值4500～8000元，2年出产品，年均收益2000元以上，是普通粮食作物的5至10倍左右，是高寒山区农民脱贫致富的一个好产业。

一、××区龙胆草产业现状

××区发展龙胆草人工种植始于2000年前后，在那招村(隶属于云南省临沧市临翔区的博尚镇)进行试验种植，后来开始在邦东乡试验种植，以育苗移栽或野生苗移栽方式在高海拔区种植。由于育苗移栽对种植地块要求高，育苗和人工投入大，因此，发展难以形成规模，2009年以前全区龙胆草种植面积只有2000亩左右，主要分布在邦东乡。2009年以来，由于龙胆草的市场需求不断增加，价格不断上涨，蚂蚁堆乡和忙畔街道的群众自发学习云县以直播的方式种植龙胆草，种植面积迅速扩大。目前全区已种植龙胆草14000多亩。

二、龙胆草产业前景分析

在国际上，随着人们对中草药认识的提高，中草药也越来越受到人们的关注和重视。目前已有124个国家设有各类专门的中医药机构，销售收入达300亿美元，年增长幅度为10%，仅龙胆草一项，日本每年就须进口10万吨。在国内，随着经济的发展和人们生活水平的提高，健康意识不断增强，药物的不良反应和毒副作用越来越受到人们的重视，安全、无毒的绿色药品消费逐渐成为二十一世纪药品消费的主流和时尚，天然药物消费成为国内外的热门话题，产品供不应求。据有关专家预测，今后十年龙胆草等南药(指长江以南，南

岭以北地区，包括湖南、江西、福建、台湾等省区的全部或大部分地区所产的地道药材)供应难以满足市场需求，发展龙胆草种植具有广阔市场空间。

龙胆草入药的主要成份为龙胆苦甙、龙胆碱和龙胆糖，其中龙胆苦甙是主要的有效成份，是确定龙胆草品质及价值的主要依据，省商学院中药系对龙胆苦甙的测定表明：三年生家种的龙胆草中龙胆苦甙的含量高于同等野生龙胆草。在目前野生龙胆草资源遭到破坏、品质下降的情况下，龙胆草人工种植将是满足市场需求的重要途径。

在区海拔 1800～2500 米，土壤为黄砂壤、黄棕壤、棕壤，土壤疏松，排水良好的核桃地、茶地、稀林地、坡荒地、坡耕地均适宜种植龙胆草。根据初步调查统计，我区共有适宜龙胆草种植的土地面积 79 000 多亩。今年我区龙胆草的收购价为 34 元/公斤，按每亩每 2 年产龙胆草干品 150 公斤计算，亩产值为 2550 元，若我区适宜种植的面积全部种植，则年产值为 20 145 万元。

三、龙胆草产业发展中存在的问题

通过总结和分析区龙胆草产业的发展现状，目前存在以下问题：

一是在技术上，没有进行科学系统的深入研究，忽视了滇龙胆与北龙胆的区别，简单的用北龙胆的人工种植方法种植滇龙胆，以致生产成本过高而难于推广。

二是在推广上，没有相应的扶持政策，由于高寒山区群众相对较为贫困，龙胆草产业属新兴产业，籽种价格居高不下，大多数群众无能力购买大量籽种，以致产业发展规模小。

三是在销售上，由于产业发展规模小，分布散，销售中间环节多，药农收入相对较低。

四、对发展龙胆草产业的建议

一是建议编制全区龙胆草产业发展规划，研究制定龙胆草种植技术规范，并进行相应的试验、示范和推广。

二是建议今年在区内适宜种植的区域内，统一按直播技术，重点在东环旅游线两侧的马台乡萝卜山、凤翔街道中山、博尚镇小道河及蚂蚁堆乡曼毫村、圈内乡南赛河村建立示范种植亩基地。

三是建议至 2012 年对我区龙胆草产业进行重点扶持，每年投入试验、示范和推广经费 20 万元，用于示范种植亩基地建设。2011 年示范种植 5000 亩，2012 年示范种植 8000 亩，每亩给予 100 元的籽种扶持，通过在重点区域进行扶持，以点带面，使我区龙胆草产业到 2012 年达到 6 万亩以上。

四是建议推广林药套作模式，减少水土流失。在除核桃地以外的种植地块套种西南桦等遮阴树，既改善种植环境，又可涵养水源。

---

### 2. 格式和写法

1) 调查报告的内容

调查报告的内容一般包括：调查目的、调查对像、调查内容、调查方式(一般可选择问卷法、访谈法、观察法、资料法等)、调查时间、调查结果、调查体会(可以是对调查结果的分析，也可以是找出原因及应对办法等)。

2) 调查报告的结构

调查报告的结构一般由标题、前言、主体、结尾等部分组成。

(1) 标题。

标题就是用简明扼要的语言概括出调查报告的主题。一般采用单行标题，如《××企业的知名度调查报告》；有时可采用双行标题，如

挑剔细节，令你出色
凯旋先驱公关公司推出宝洁公司海飞丝品牌调研报告

(2) 前言。

前言也叫引言、导语、概述，着重介绍调查研究的基本情况，提出调查的课题。常见的结构形式有三种：① 交待调查报告的目的、时间、地点、对象范围和方法步骤等；② 介绍调查报告的基本情况，说明主要内容和重要问题；③ 概述调查报告的基本结论和成果。

(3) 主体。

主体是调查报告的核心部分，是前言的引申展开，是结论的根据所在。主体的内容一般包括三个方面：一是调查到的事实情况，包括事情产生的前因后果、发展经过、具体做法等；二是研究、分析事实材料所揭示的事物本质及其特点、规律；三是提出具体建议或应采取的一些具体措施。

调查报告主体部分内容丰富，结构安排力求条理清晰、简洁明快。调查报告主体部分一般按照内容安排结构："情况——成果——问题——建议"式结构，此结构多用于反映基本情况的调查报告；"成果——具体做法——经验"式结构，此结构多用于介绍经验的调查报告；"问题——原因——意见或建议"式结构，多用于揭露问题的调查报告；"事件过程——事件性质结论——处理意见"式结构，多用于揭示案件是非的调查报告。

(4) 结尾。

结尾部分是调查报告的结束语。结束语一般有两种形式：① 概括全文。综合说明调查报告的主要观点，深化文章的主题。② 形成结论。在对真实资料进行深入细致的科学分析的基础上，得出报告结论。

(5) 附件。

附件是对正文报告的补充或更详尽的说明，包括数据汇总表及原始资料、背景材料和必要的工作技术报告。例如，在调查报告里，我们可以把相应的问卷选一部分作为调查报告的附件。

调查报告的写作，内容始终是第一位的，有了好的内容，写作形式的问题是不难解决的。

### 3. 文体知识

调查报告是对某项工作、某个事件、某个问题，经过深入细致的调查后，将调查中收集到的材料加以系统整理，分析研究，以书面形式汇报调查情况的一种文书。

调查报告不仅形式上便于阅读，而且能够透过现象看本质，从原始的调查数据中总结出规律性的东西来，使读者能够更加系统而深入地理解调查的对象，从而更好地指导实践活动。

调查报告有以下几个特点：

(1) 写实性。调查报告是在占有大量现实和历史资料的基础上，用叙述性的语言实事求是地反映某一客观事物。杜绝弄虚作假和没有调研却写出的调查报告。

(2) 针对性。调查报告一般有比较明确的意向，具有实用价值和现实意义。相关的调查取证都是针对和围绕某一综合性或是专题性问题展开的。

(3) 逻辑性。调查报告离不开确凿的事实，但又不是材料的机械堆砌，而是对核实无误的数据和事实进行严密的逻辑论证。

(4) 时效性。海尔老总张瑞敏说过："鱼要是搁一宿，肯定是不值钱了，它必须是活蹦乱跳的，如果一陈旧，那就不值钱了。"(《中国青年报》2002 年 5 月 23 日)调查的结论犹如海鲜，隔天就坏了，因此必须赶在公众需求或公众态度改变之前，或者组织作出重大决策前，完成调查任务。

调查报告的种类主要有以下几种：

(1) 情况调查报告。情况调查报告是比较系统地反映本地区、本单位基本情况的一种调查报告。这种调查报告是为了弄清情况，提供决策者使用的。

(2) 典型经验调查报告。典型经验调查报告是通过分析典型事例，总结工作中出现的新经验，从而指导和推动某方面工作的一种调查报告。

(3) 问题调查报告。问题调查报告是针对某一方面的问题，进行专项调查，澄清事实真相，判明问题的原因和性质，确定造成的伤害，并提出解决问题的途径和建议，为问题的最后处理提供依据，也为其他有关方面提供参考和借鉴的一种调查报告。

## 第四节　公关企划书

### 1. 案例导入

#### ××公司公关宣传活动企划书

一、活动主题

万名大学生为"××牙膏"替您服务

(说明：主题的拟定应言简意赅，并易于公众理解、记忆。本次活动将素有"天之骄子"之称的大学生与高科技产品"××牙膏"联系起来，体现"××牙膏"的质量与品位。)

二、活动目标

通过对大学生的宣传及上门为消费者服务，在目标国各城市普及、宣传、提高××牙膏的知名度，增进消费者对××牙膏的品牌、特性、功能以及价格的理解；并通过后续的公共关系活动，树立××公司尊重科学、关心青年学生身体健康、积极服务于社会的企业形象，提高××公司的美誉度。

(说明：活动目标应既与企业总体目标相一致，又能够体现某次活动的具体特点。简言之，活动目标应是企业总体目标在某次活动中的具体体现。)

三、综合分析

(一) 企业概况(略)

(二) 产品简况

××牙膏系天然生物型牙膏，内含丰富的天然生物活性物质丝肽及表皮生长因子(该项发现获 1986 年诺贝尔生理学医学奖)，可直接为口腔黏膜吸收，能促进细胞新陈代谢，集洁齿、治疗、营养三功能为一体，有药物牙膏之功效，无药物牙膏之副作用。

(三) 市场分析

××牙膏目前年生产量为 800 万支，其中××市场占总销量的 32%；××公司现已陆续在××等数十个大中城市设立了销售网点。

(四) 消费者分析

××牙膏系第三代产品，它的价格约高出其他牙膏的 1 倍，其潜在消费者主要是城市居民中收入和文化程度较高者。

(说明：在单个活动的企划书中，综合分析可以略去，但企划者必须对上述企业、产品、市场、消费者 4 个方面的情况有较深入的了解，否则企划就难免不切实际。)

四、基本活动程序

(一) 选择 2002 年 3 月 18 日为“××牙膏直销日”。经落实该活动于同日在××等十大城市举行。

(二) 2002 年前后，派人员与上述十大城市的大学联络，每校落实参加直销活动的大学生 500～1200 名；其中，××等有条件的城市，同时组织 100～200 人的大学生自行车宣传队，每个城市各一支队伍。

(三) 2002 年 3 月 18 日 9 时，各城市大学生自行车队沿拟定线路做“闹市行”，沿途向市民散发××牙膏宣传品；同时，参加直销活动的大学生走进千家万户进行宣传和直销活动。

(四) 在直销活动结束后 1 个月内，××公司在××大学举办音乐晚会一台，并赠公共关系书籍 500 本。

五、传播与沟通方案

(一) 在活动进行前一天，在××市的《××报》与××市的《××报·周末版》上刊登宣传广告。

(二) 预先与××电视台、《××报》等媒介联系，争取在活动后开始陆续新闻报道。

(三) 由进行宣传和直销的大学生向消费者宣传××牙膏的基本特性，并散发单页宣传品。

(四) 由选修公共关系理论与实务课程的××大学数百名学生撰写该项活动的个例分析，并择优寄往《××公共关系报》、《××公共关系导报》等媒介。

(说明：该方案包括通过传播媒介和直销人员的口头沟通两种途径，宣传××牙膏及此次直销与公共关系活动。)

六、经费预算

(一) 印制宣传品 10 万份及制作宣传绶带 500 条，约 2 万美元。

(二) 活动预告的报纸广告费及媒介报道安排费用 4 万美元。

(三) 10位销售活动监督、协助人员差旅费，以90美元/人计，共900美元。

(四) 大学生宣传车队劳务费：××、××等城市车队队员共约500人，以10美元/人计，共5000美元。

(五) 音乐晚会费及赠书活动费用：音乐会一场300美元，500本公共关系书籍400美元，共700美元。

七、预算效果

全部活动花费在1万～12万美元，如果活动能安排妥当，达到预期目标，其效果肯定大于用这部分经费进行单纯的广告宣传所带来的效果。

---

**2. 格式写法**

1) 策划书名称

尽可能具体的写出策划书详细名称，如“×年×月××公会××活动策划书”，置于页面中央，当然可以写出正标题后将策划书名称作为副标题写在下面。

2) 活动背景

这部分内容，首先，应根据策划书的特点在以下项目中选取内容进行重点阐述，具体项目有：基本情况简介、主要执行对象、近期状况、组织部门、活动开展原因、社会影响、以及相关目的动机。其次，应说明问题的环境特征，主要考虑环境的内在优势、弱点、机会及威胁等因素，对其做好全面的分析(SWOT 分析)，将内容重点放在环境分析的各项因素上，对过去、现在的情况进行详细的描述，并通过对情况的预测制定计划。如若环境不明晰，则应该通过调查研究等方式进行分析，加以补充说明。

3) 活动目的、意义和目标

活动的目的、意义应用简洁明了的语言将目的要点表述清楚。在陈述目的要点时，该活动的核心构成或策划的独到之处及由此产生的意义(经济效益、社会利益、媒体效应等)都应该明确写出。活动目标要具体化，并需要满足重要性、可行性、时效性的要求。

4) 资源需要

列出所需的人力资源和物力资源，以及使用的地方，如教室或使用活动中心等都要详细列出。也可以分别列为已有资源和需要资源两部分。

5) 活动开展

活动开展作为策划的正文部分，表现方式要简洁明了，使人容易理解，但表述方面要力求详尽，写出每一点能想到的东西，没有遗漏。在此部分中，不仅仅局限于用文字表述，也可适当加入统计图表等。对策划的各工作项目，应按照时间的先后顺序排列，绘制实施时间表有助于方案核查。人员的组织配置、活动对象、相应权责及时间地点也应在这部分加以说明，执行的应变程序也应该在这部分加以考虑。

策划的内容一般包括：会场布置、接待室、嘉宾座次、赞助方式、合同协议、媒体支持、广告制作、主持、领导讲话、司仪、会场服务、电子背景、灯光、音响、摄像、信息联络、技术支持、秩序维持、衣着、指挥中心、现场气氛调节、接送车辆、活动后清理人员、合影、餐饮招待、后续联络等。

6) 经费预算

经费预算，是指活动的各项费用在根据实际情况进行具体、周密的计算后，用清晰明了的形式列出。

7) 活动中应注意的问题及细节

内外环境的变化，不可避免的会给方案的执行带来一些不确定性因素，因此，当环境变化时是否有应变措施，损失的概率是多少，造成的损失多大，应急措施等应在策划中加以说明。

8) 活动负责人及主要参与者

策划书应注明活动组织者、参与者姓名、嘉宾、单位(如果是小组策划应注明小组名称、负责人)。

### 3. 文体知识

策划书是一个计划，但比计划要详尽很多。如果别人能按照你的策划书，不需要你的指点就能准确达到策划想达到的效果，这就是一份成功的策划书。一份好策划的效果是立竿见影的，策划者可以充分享受策划被成功执行时的价值感。如果完全没有经验，策划书就应尽量做得中规中矩，做到所谓的“不求有功，但求无过”。而做得熟练之后，策划要渐渐具有自己的个性，要让策划内容有与众不同之处，如策划中有某个别出心裁的点子，让人眼前一亮。一个策划书，创新点不必多，一两个足够，关键是创新点要能付诸实现。

策划书的特点如下：

1) 实用性

实用性是策划书最根本的特点，其根本目的是为了处理或解决实际问题，是具有一定的实用价值的。

2) 真实性

策划书是为交流思想、传达信息而服务的，只有思想和信息建立在真实的基础上才会使人相信，否则便会成为无稽之谈。在这一方面，策划书与文学作品有很大不同。文学作品允许虚构和想象，而策划书则是绝对不允许的。策划书无疑是构建在进行务实的市场调研基础上，在对市场进行确凿的数据信息分析后得出的正确、有效的一线资料，并对一线资料进行深层次的加工、撰写、策划，去伪存真，去粗取精后而写成的。一份切合实际的策划书，必须事前进行充分周密地准备，进行大量有效的市场调研工作，确保后期撰写的策划书高屋建瓴，有理有据，切实可靠。

3) 程式性

许多策划书的格式是比较固定的。这种固定的格式是在长期实践中约定俗成的，是适应实用性规范要求的需要，因而写作时必须遵照，不能自行其是。格式的固定，使策划书结构完整、层次分明、便于使用、易于接受。规定的格式便于使用，有利于提高办事质量和效率。

4) 确定性

我们在日常写作中，文学作品、说明文、记叙文以及议论文的写作对象大多是不特定的多数人，目标读者一般是不明确的。但是策划书不同，它的写作对象都是明确具体的，往往规定有明确具体的对象。

5) 简明性

观点正确是策划书写作的基本要求。同时语言也要庄重、简洁，一般不用文学修辞手法和形象描绘以及直接抒情等表达方式。如实反映情况、用事实说话、崇尚务实等都是策划书的最基本的写作方法，其灵魂在于它的实际效果，要用最少的语言表达最丰富的思想，产生最好的效果。

6) 时限性

策划书是为达到某项目的而写的，因此在写作上有明确的时间要求，必须在一定的时间内完成。一旦时间过去，写作就会失去意义，所以策划书不仅要求要写得及时、发布得及时，还要求所取的材料应该是最新的现实材料，虽然有时需要引用一些历史材料，但是这样做是为了进行比较，最终目的还是解决当前问题。

写作对象和内容的不同使策划书在形式和体裁上有很大的差别，如广告策划、宣传策划，产品策划、营销策划，市场分析、营销渠道策划等。但任何一种策划书都必须有5W2H1E，共8个基本要素。具体是指：

What：策划的目的、内容；
Who：策划的相关人员；
Where：策划实施场所；
When：策划的时间；
Why：缘由、前景；
How：方法和运作实施；
How much：预算；
Effect：结果、效果。

## 第五节　公关简报、大事记

### 一、简报

1. 案例导入

**××房改简报**

第一期

××市房改办公室　　　　××××年×月×日

按：××矿务局房改办为确保住房制度改革中“提租补贴”政策的正常运转，10月份对全局所属单位进行了全面调查。这次调查，得到了各级领导的支持，组织严密，投入自查的人员多，自查效果大，在全市是绝无仅有的。现将××矿务局《房改工作检查情况的汇报》转发给你们，供参考借鉴。

## 房改工作检查情况的汇报

为确保住房制度改革，实现“提租补贴”的正常运转，真正做到“一手发出去，一手收回来”。在“两步到位”运转一周年之际，局房改办于今年10月份召开了各单位房改办主任会议，部署了房改大检查工作，要求各单位以自查的形式，进行“两查四核实”。“两查”是：查补贴范围，查漏扣资金；“四核”是：核实住房面积、租金额、补贴基数、补贴金额。经过两个月的自查核实，截至11月底，大多数单位都已基本完成。

已查实的16个单位中，除有5个小单位参改人员没有发现问题外，其余的大多数单位都不同程度地查出了问题。据九矿、三厂、局直、基建公司等14个单位的统计，在被调查的62 863房承租户中，漏扣资金的有484户，占0.7%，少扣资金168 552.58元。在已发补贴的91 578人中，不该发补贴的有218人……通过追回漏扣租金和多发的补贴，可追回资金205 783.24元。

这次检查核实工作，之所以能取得较大的收获，主要原因有以下三点：

1. 领导重视，业务部门配合。(略)
2. 配备力量，分层包干。(略)
3. 执行政策，方法得当。(略)

---

上报：(略)

抄送：(略)

---

### 2. 格式和写法

简报由报头、正文和报尾三部分组成(参考样式见附录G)。

(1) 报头。报头位于简报第一页上方，一般用一条红色横线将报头与正文隔开。报头的内容主要有：简报名称，位置在报头正中，一般用套红大字书写；期数，在简报名称下面注明；编发单位，在期数号左下侧注明编文单位；印发日期，写在期数号下面右侧；如有密级和编号，分别标注在简报名称的左右两个上方，但是对于一般文件来说，可以省略掉密级。

(2) 正文。简报正文一般分为目录、按语、标题、导语、主体、结尾六个部分。

按语，是指由编发简报者针对正文所写的具有指导性的评论，按语不是每期简报必有，一般情况下可以省略。

正文的标题没有固定格式和特定要求，基本要求是：贴切、简明、醒目。要贴近文章中心，简短明快，不宜用太长标题，要鲜明突出，对读者有吸引力，写法可以灵活多样。

导语，是指简报正文的开头部分，要求用简明准确的文字，高度概括出全文中心或主要内容，使读者对简报有一个总体的了解。导语根据情况也可以省略。

主体是简报的中心部分，是对导语部分的内容作进一步的具体叙述和说明，写作时要根据具体内容来确定其结构的安排，通常采用七种形式进行组织和安排材料：总分条文式、消息报道式、讲话发言摘要式、列小标题式、集锦动态式、简要通讯式、图表数据分析式。

(3) 报尾。报尾的位置在正文末页的下方，一般用横线将它与正文隔开。报尾注明发文范围：报，上级领导机关；送，平级或有关单位；发：下属单位。报尾部分，在最后一页下部用横线与正文隔开，注明印发份数。有的简报，还要注明打印、校对人员姓名，以

示负责。

最后，简报写作还要注意以下事项：

(1) 立意要了解和服务全局。写作前要对全局情况有个总的了解，在此基础上决定写作对象、取舍内容。

(2) 写法要求真、务实。简报观点鲜明，内容要充实，材料要点精确，条理清晰，篇幅要短小，语言要简洁。

(3) 编发要迅速及时。简报具有较强的时间性、动态性、情报性，写作编发要迅速及时。

**3. 文体知识**

公共关系简报，是机关团体组织内部交流、汇报情况的文字材料或刊物，包括工作简报、信息简报、会议简报、动态简报等多种。另外，动态、简讯、内部参考等都属于简报的范畴。简报写作时应事先制订编写计划，通过通信系统或个人组织稿件，采用汇编、摘编、编写等方式，按版面要求，设计报头、行文与报尾，把名称、期数、编印单位、日期、份数、按语、本文、发送单位等一一列清楚。简报多数为内部使用，有的也可直接向外发送，但要注意发送的范围与要求，不能像报纸一样到处分发，人人使用。简报的编发有定期和不定期两种。简报不是正式公文，不具备法律效力和行政效力。

1) 简报具有以下特点

(1) 简明扼要，抓住事物的实质，抓住代表性的典型材料。

(2) 迅速，像新闻一样快编、快写、快印、快发。

(3) 真实，材料确凿，反复核实，表述讲究语法逻辑。

(4) 新颖，立意要新，情况要新，抓新人、新事、新问题。

2) 公关简报的分类

简报的形式多样，内容繁多，按内容分，有动态简报、情况简报、会议简报、典型经验简报；按编写方法分，有综合性简报、专题性简报；按出刊期限分，有定期与不定期简报。常用的简报有以下三种：

(1) 情况简报。情况简报也叫工作简报，主要用于反映工作中的动态和一般工作进展情况。一般有两种常见的形式：

① 综合性情况简报：是在明确的主题贯穿下，综合反映工作情况和问题，这类简报既有广度，又有深度，不是有闻必录，而是抓住主要问题，反映最有价值的情况。

② 专题性简报：主要是将某一项专门工作的动态、进展、问题向主管部门反映或向有关部门、下属单位作通报，借以传播信息，推动工作。

(2) 动态简报。动态简报就是迅速及时地、简明扼要地反映新近发生的事情、情况的文体形式。这种简报内容新、反应快、动态性和时效性强。动态简报一般也有两种：工作动态简报和思想动态简报。

① 工作动态简报：主要反映本系统、本部门内部工作的正反两方面的新情况和新动向。

② 思想动态简报：主要反映公众对政府重大方针、政策的反应和认识，社会上的某种思潮或思想倾向、各行各业各阶层的思想状况等。这类简报多见于单位编发的“内部参考”，一般都具有内部参考和保密性质，其流通、阅读范围有较严格的限定。

(3) 会议简报。会议简报主要是及时报道某种会议的概况，会上交流的情况、经验、

探讨、研究等问题，反映会议形成的决议和基本精神。一般会议简报以报道会议内容为主，既可以综合报道会议各阶段的情况，也可以摘登大会发言或小组讨论发言。在编发发言摘要时，要力求准确、全面、如实地反映出发言者的基本观点和思想倾向，并且尽可能送交发言人或大会秘书处有关负责人审阅后再编发。

3) 公关简报的内容

公关简报是公关业务活动的简要报道。公关简报可以反映以下内容：

(1) 有关组织形象的材料、文献检索，调查了解到的内部公众和外部公众的意见、评价和要求。

(2) 组织内部工作生产情况和思想状况等方面的动态、经验、趋势。

(3) 公共关系部门开展的一些公共关系活动。

(4) 公共关系部门对各项工作的咨询意见和建议。

(5) 公共关系有关的会议。

4) 公关简报的写作要求

(1) 公关简报的写作要用第三人称。

(2) 公关简报的写作要求重点突出，有明确主题思想，做到主题单一，内容集中。

(3) 公关简报的写作必须及时、准确、客观，内容真实，据事直说，不夹杂评述性意见，但编者按除外。

(4) 公关简报的写作必须简短、通俗，有可读性、指导性。

(5) 公关简报的写作格式要规范。

简报也叫“情况反映”、“情况交流”、“内部参考”、“动态”，是机关、单位、团体用来汇报工作、反映情况、传递信息、交流经验的一种内部文书。具体来说，简报常用于：向上级机关反映和报告情况；机关、企事业单位、社会团体内部向下级推广经验、指导工作；统计机关相互沟通和交流情况。简报具备报告和(新闻)报道的特征，使用广泛，在内部发行，可起到上传下达的作用。

简报的特点可归纳为四个字：简、快、新、实。所谓“简”，就是指内容简明。一般每份简报反映一件事或一个问题，篇幅短小，语言简练，不需过多铺陈、渲染。所谓“快”，就是指内容及时。要求尽快地反映情况，提出问题，传递信息，以便上级机关及有关方面及时掌握最新动态，不失时机地指导工作，处理问题。所谓“新”，就是指内容新颖。它要求选材新，观点新，力求反映新情况、新经验、新动向、新问题。所谓“真”，就是指内容真实。简报反映的情况要真实、准确，否则简报就失去了参考的价值。

简报从写作方式上，可分为综合性简报和专题性简报两种。从内容上，可分为工作简报、情况反映(简报)、会议简报三种。

(1) 工作简报。工作简报是指反映工作进展情况的简报，涉及的内容比较广泛、全面，机关、单位一般长期连续编发。

(2) (社会动态)情况简报。该类简报通常反映不同阶层、地位、职业的人对国内外重大事件以及党和国家的方针、政策、重大措施的反映、看法、认识，反映社会生活中的偶发事件、突发事件，以便领导及时了解社情、民意。

(3) 会议简报。此类简报主要是对某些规模较大的会议作连续性的报道，以便帮助有

关领导和与会人员沟通情况，及时了解会议进程，提高会议质量。它的内容包括会议进程，领导和有关人员的报告、讲话，讨论的发言，主持者的工作安排，与会者的意见，会议决定等。

## 二、大事记

### 1. 案例导入

#### 西湖街道大事记

一、一九零四年法国天主教会在我辖内渔沧庙旁翁厝池边建天主教堂，神父丁热力，内设有女修院、育婴堂、真原小学校。主要建筑为教堂钟楼，钟楼按照罗马教堂样式，高二十多公尺，下层为礼拜堂，最上层设钟楼，钟面分布东西南北四方都可看见的罗马数字，以一时报钟一响……十二时报钟十二响，但在半小时则报钟一响，钟声宏亮，晨昏人静时，三溪(意溪、枫溪、涸溪)均可听见。正门在渔沧巷，拆城之后才走西濠路。

二、(略)。

三、(略)。

四、(略)。

五、(略)。

六、创办潮安高级中学，一九五四年驻西湖山南麓的粤东行署迁汕头，该处办为潮安高级中学。第一任校长杨方笙。

七、正天香潮剧团。该团原是西湖街道的民间业余组织，一九五零年成立时名为业余民艺潮剧团。一九五五年获省批准改名为正天香潮剧团，团址在西马路打印街口张厝内。

八、(略)。

九、一九五五年十月一日为庆祝国庆六周年，于西湖广场举行游园晚会。内容有戏剧(包括潮剧、汉剧，以及学校表演)、杂技、象棋、灯谜、大锣鼓、舞鲤鱼、舞龙、掷大佛，还有适应儿童的吹蜡烛等节目。群众乘国庆又逢中秋佳节，竞相前往。于是人山人海虹桥之上，人来人往，八时许桥上已经拥塞，水泄不通，又不互让，为争路而秩序混乱，这时进退不得，造成人踏人之流血事件，死者大多属妇孺小子。此次据统计死者廿三，还有在腹中未出生者一人，时谓虹桥事件。

十、(略)。

十一、(略)。

十二、开辟西新住宅区。一九七九年潮州市市委书记彭启安集资筹划并以预缴十年房租作为建设基金。同时取得香港同胞李嘉诚的赞助，在我辖区内的西新地区建四层楼房三十多幢。容纳居民七百多户，配备市场商店。并于一九八零年二月建立西新居民委员会。

十三、(略)。

十四、一九八一年五月从城西区政府划入与西新居民区接壤的吉利乡、马围乡，四七七户并归第二街道办事处，建立新合居民委员会。

十五、一九八一年开辟葫芦山后西荣住宅区，建简易平房四六零套。同年建立西荣居

民委员会。西荣住宅区位于葫芦山西面山脚，原属城西公社春光大队九、十两小队的种植地区(六六年以前为环山湖地带)。解放后，政府把资历和出身成份有问题的人调离城市，号召居民群众成户到农村分田地，青年上山下乡。这些人中有的到海南岛，有的到平远、英德，也有落户在县内农村的。他们宣布一辈子扎根农村。于是他们的房屋属公产的收回，属私产的部分没收，部分由政府代管。十一届三中全会后，党恢复了实事求是的方针，落实政策，大家都回城，未批准的也回来了。大部分人没有房住，只好在西湖两旁和环城西路一带用竹篷沥青自搭起简陋住房，有碍西湖风景。一九八零年在潮州市党委的重视下，得到香港同胞李嘉诚先生的支持。择葫芦山西面山脚开辟居民住宅区，一九八一年竣工，建简易平房以资解决。东西区共建平房475户，并于一九八一年五月建立西荣居民委员会。

这个地方是新开发的郊区，现设有：潮州绣衣厂、潮州市旅游公司车队，潮州市科学技术委员会、潮州市宏兴制药厂、潮州市饼干糖果厂、市百货仓库、市贸易抽纱附属厂、中外合资华兴服装厂有限公司、市环境保护办公室等企事业单位。

十六、一九八二年以民办公助形式，修理大坟前牛屎池下水道2950米，铺路面十四处，计3958平方米。这一年办事处评为市区卫生工作第一名。

十七、一九八四年我办归国华侨联合会被评为省先进单位，并推荐为全国先进工作单位。

十八、(略)。

十九、(略)。

二十、(略)。

二十一、(略)。

二十二、一九八五年十月西湖街道办事处归国华侨联合会举行新址奠基仪式，此工程由旅泰华侨陈森衙先生捐资建设。旅泰华侨回国观光团廖少贤先生等参加破土奠基仪式。

二十三、(略)。

---

**2. 格式和写法**

大事记的所谓“大事”包括：

(1) 本单位的组织变动情况，如成立时间，名称和归属演变，职权范围的调整，内部机构设置的变动，办公地址的迁移，人员编制的变化，主要机构领导人的任免、变更，所属干部、人员的重大奖励。

(2) 本单位召开的重要会议情况，如党代会、职代会、人代会、重要的党委会、业务会、总结表彰会等。

(3) 上级对本单位的重要领导活动，如上级发来的重要文件、电话指示、口头通知；上级到本地区或本单位检查指导工作情况。

(4) 本单位的主要工作情况，如单位发出重要文件、重大决策、重大行动及取得的重要成果，外事活动及所属机构进行的主要工作及成果(工程建设和科技研究成果等)。

大事记的结构分为标题、正文两大部分。

(1) 标题。综合性大事记的标题由单位名称、时间和大事记构成，如《中国共产党大事记》。专题性大事记的标题由单位名称、业务项目(或事由)和大事记组成，如《东海市教育局精神文明建设大事记》。

(2) 正文。大事记正文由时间和事件构成。大事时间是大事记的主要组成部分，以年度为记录单位的，则以月作小标题。大事内容位于时间词后面，是大事记的主体部分，要求准确记述在一定阶段里能够反映本单位职能活动的特点，以及有新意、带全局性的重要重大事件。

需要指出的是：写作大事记要以时间为主线，分清大事，分清事件的轻重、详略，以“大事从详、要事从简”为原则，对其进行客观、系统、简明的叙述。

**3. 文体知识**

大事记是机关单位、社会团体用简述的方法记载本单位大事、要事的一种记事性的办公事务文体。其使用范围很广，而且单位越大越需要编写大事记。大事记不仅是反映一个单位变化发展的重要历史资料，并且对于总结工作、提高管理水平也具有十分重要的作用。大事记一般由单位的秘书来写作，大单位往往设有专人具体编写。

大事记，按范围可分为机关单位大事记和国家地区大事记；按内容可分为综合性大事记和专题性大事记。其中，综合性大事记是将本单位各方面的大事要事，按时间顺序进行记录，机关单位大事记均属这类，如《东江市财务局2010年大事记》。专题性大事记按内容专题的不同分别进行记载，内容单一，故称专题性大事记，如《工资改革工作大事记》。

## 第六节　新　闻　稿

**1. 案例导入**

### 女士招手　免费打的

今天三八节，泉州市区45辆挡风玻璃上贴有中国“妇联”标志的出租车，上午7时起至下午5时30分，将免费为女同胞提供乘车便利，庆祝“三八”妇女节。

提供义载车辆的是泉州长城出租车有限公司。昨日下午记者获悉消息后赶到该公司，见停车场上工作人员正在张罗此事，45辆的士已经安排妥当。据悉，这已是该公司连续第8年开展“三八节·献爱心”的活动了。

2008年3月8日《海峡都市报》

**2. 格式和写法**

新闻是有固定写法的文体格式，格式包括标题、导语、主体、结尾、背景材料。

1) 标题

标题是“新闻的眼睛”，是全文内容的浓缩，其在新闻宣传中的作用有时不小于正文，是新闻的重要组成部分。新闻的标题既是新闻主旨或内容的提要，又要能够吸引读者。新闻标题的形式有单行式和多行式。

(1) 单行标题。

单行标题就是只有一个标题，它是消息内容的高度概括，如

我三十万大军胜利南渡长江

(2) 多行标题。

多行标题由引题、正题和副题组成。在形式上，可以引题、正题、副题俱全，也可以采取正题只加引题或只加副题的形式，具体要依据内容需要而定。如：

① 引题＋正题：

美国《时代》周刊发表专题文章说(引题)
香港比过去任何时候都更具活力(正标题)

② 正题＋副题：

我国评出首批66家5A级旅游风景区(正标题)
北京故宫博物院等榜上有名(副标题)

③ 引题＋正题＋副题：

土伦杯足球赛2∶1击败加纳队(引题)
国奥队列小组头名挺进半决赛(正题)
北京时间8日凌晨3时将与科特迪瓦队争夺决赛权(副题)

2) 导语

导语是新闻的开头部分，又称“电头”。可以用一句话，也可以用一个自然段，简明扼要地叙述新闻最主要的事实，或综合介绍全文的基本内容，使读者对新闻的内容有一个大概的认识。

3) 主体

主体是导语的展开或续写部分。要对导语所概括的事实进行详细的叙述，要用足够的、典型的材料表现主题，以满足读者对事实进一步了解的需要。

主体材料的安排有四种顺序：

(1) 时间顺序：按事实发生的先后顺序组织材料。

(2) 空间顺序：以空间位置的转换来组织材料。

(3) 逻辑顺序：按事物的内在联系，问题的逻辑性来安排材料。

(4) 倒金字塔式结构：按事实的重要程度组织材料。

所谓的倒金字塔式结构，就是要把最重要、最新鲜、最精彩的新闻事实放在最前面，其他事实按照先重后轻、先主后次的顺序来安排，形成“虎头蛇尾”形状。这是一种最常见的传统的新闻结构方式。

4) 结尾

结尾是新闻的最后一句话或者最后一段文字，一般是指出事物发展的趋势或者对报道内容作概括式的小结，以加深读者的印象。

结尾通常有以下四种写法：

(1) 有的是提出号召和希望，使读者受到鼓舞；

(2) 有的是对事物发展趋势的预示和展望，借以引起读者的关注；

(3) 有的不把话说尽，留给读者自己去思考；

(4) 有的没有结尾，事实叙述完毕，就自然结尾了。

无论采取哪一种写法，结尾都应该是主题的升华。

5) 背景材料

背景材料是指新闻事件发生的历史条件和环境的材料。一般来说，新闻写作中往往用背景材料来烘托、深化主旨，帮助读者认识所报道事实的性质和意义。

背景材料并不是每篇新闻都要介绍，只有当背景能有效突出新闻的主要事实和意义，能够深化主题的时候，才值得一写。

背景材料可以单独写成一段，一次交代，也可以分散穿插，多次交待；多数新闻的背景材料放在主体部分交代，有时也可以放在导语里介绍。

**3. 文体知识**

新闻是指报纸、电台、电视台、网络经常使用的记录社会、传播信息、反映时代精神风貌的一种文体。新闻通过报道、评论、介绍某些人物、事件或相关知识，达到对公众宣传、教育、指导、告知的目的。

随着社会经济的发展，新闻稿营销已经作为一种有效地营销方式被市场所认可。新闻写作越来越多的被企业运用于品牌宣传、公关关系等对外宣传活动。企业运用新闻稿向公众或特定群体反映事实、通报情况，有助于提升企业的知名度、美誉度，形成良好的社会舆论。而企业内部的新闻宣传还能强化荣辱感，是企业文化传播的一种载体。新闻宣传是企业自身业务发展的需要，也是市场了解认识企业的需要。精明的企业都是善于利用媒体资源的，能够适时的向媒体提供新闻稿，发布“软文”以达到宣传的目的。“软文”一般是指企业通过策划，在报纸、杂志、网络等宣传载体上刊登的，可以提升企业品牌形象和知名度，或可以促进企业销售的一些宣传性、阐释性的报道。“软文”的内容精心策划，结构灵活多变，写作方法和特点与普通新闻无二，是一种现代企业常用的特殊新闻。

新闻都具有真实性、时效性、公众性的特点。按照内容和表现形式的差异，广义的新闻一般指消息、通讯、报告文学等。

1) 消息

消息是用概括的叙述方式，比较简明扼要的文字，迅速及时地报道国内外新近发生的、有价值的、群众最关心的事实。

2) 通讯

通讯是运用叙述、描写、抒情、议论等多种手法，具体、生动、形象地反映新闻事件或典型人物的一种新闻报道形式。它是记叙文的一种，是报纸、广播电台、通讯社常用的文体。

3) 报告文学

根据矛盾先生的解释：“报告文学是散文的一种，介乎于新闻报导和小说之间，也就是兼有新闻和文学特点的散文，要求运用真实的文学语言和多种艺术手法，通过生动的情节和典型的细节，迅速、及时地“报告”现实生活中具有典型意义的真人真事，往往像新闻通讯一样，善于以最快的速度，把生活中刚发生的事件及时地传达给读者大众。“报告”有浓厚的新闻性，但它与报纸新闻不同，因为它必须充分地形象化，必须将“事件”发生的

环境和人物活生生地描写出来，读者如同亲身体验一般，且能从这具体的生活图画中明白作者所要表达的思想。”(茅盾《关于报告文学》)

报告文学简单地说就是运用文学艺术形式真实、及时地反映社会生活事件和人物活动的一种文学体裁，兼有文学性、新闻性和政论性三种特点。

## 第七节 欢迎词、欢送词、答谢词

### 1. 案例导入

案例 1

#### 欢 迎 词

女士们、先生们:

值此××公司20周年司庆之际，请允许我代表××公司，并以我个人的名义，向远道而来的贵宾们表示热烈的欢迎。

朋友们不顾路途遥远专程前来贺喜并洽谈贸易合作事宜，为我司20周年司庆更添了一份热烈和祥和，我由衷地感到高兴，并对朋友们为增进双方友好关系作出努力的行动，表示诚挚的谢意!

今天在座的各位来宾中，有许多是我们的老朋友，我们之间有着良好的合作关系。我公司成立20周年能取得今天的成绩，离不开老朋友们的真诚合作和大力支持。对此，我们表示由衷地钦佩和感谢。同时，我们也为能有幸结识来自全国各地的新朋友感到十分高兴。在此，我谨再次向新朋友们表示热烈欢迎，并希望能与新朋友们密切协作，发展相互间的友好合作关系。“有朋自远方来，不亦乐乎”。在此新朋老友相会之际，我相信，在各界朋友的热情关心和大力支持下，我公司的事业一定会蒸蒸日上，同时也祝愿我们双方在更为广阔的领域进一步合作，合作伙伴地位进一步巩固，祝愿朋友们健康幸福，事业有成。

案例 2

#### 欢 送 词

尊敬的史密斯先生:

再过半小时，您就要起程回国了。我代表××集团公司，并受王副部长之托，向您及您率领的代表团全体成员表示最热烈的欢送!

我十分高兴地看到，近一个星期以来，我们双方本着互惠互让的原则，经过多次会谈，达成了四个实质性协议，取得了令人满意的成果。在此，我们对您在洽谈中表现出的诚意和合作态度，深表感谢!我衷心地希望您和您的同事们今后能一如既往，为进一步发展我

们双方的经济贸易往来而不懈努力！

我们期待着您和您的同事们明年再来这里访问。

谨致最良好的祝愿！

××集团公司总经理×××

案例 3

## 答 谢 词

各位领导、各界朋友，女士们、先生们：

大家好！非常荣幸能够邀请到在座的各位嘉宾，在此我代表××县移动通信公司全体员工对参加宴会的嘉宾表示诚挚的谢意和热烈的欢迎！在此向大家拜个早年。祝愿各位身体健康、家庭幸福、万事如意。

过去的一年，在各位县领导及各位朋友的支持下，经过我们全体员工的共同努力，我公司启动了村村通工程，投资了近 2000 万元，新建了 11 个基站，并为刚开通的基站所覆盖的每个村赠送了公务电话和公用电话，现在，村村通工程已全面竣工，这些村的通信问题已得以解决。村村都有移动信号，同时还新推出手机银行、手机看电视、集团彩铃、笔记本电脑无线上网等多项业务，实现了移动办公，顺利通过了 ISO9000 质量管理体系现场认证审核。

再次感谢各位在过去的一年里对移动事业的理解和支持，使得我司的各项活动得以顺利开展。

让我们共同举起相聚的酒杯，不需要祝福挂口，只需要我们敞开胸怀，为庆祝即将来临的圣诞、元旦，为了我们长久的友谊，更为了开辟事业的新天地，干杯！

谢谢大家！

---

### 2. 格式和写法

1) 标题

标题一般由仪式名称和“欢迎词”或“欢送词”组成，如《世界客属第十九届恳亲大会暨客家文化节开幕式欢迎词》。如果仪式名称中已经有“欢迎”或“欢送”的字样，可将“欢迎词”和“欢送词”改为“致辞”，以避免文字重复，如《在＊＊博览会欢送宴会上的致辞》。

2) 日期

标题之下居中需标明致辞的具体日期。

3) 致辞人姓名

日期之下居中应标明致辞人的身份和姓名。

4) 称呼

欢迎词和欢送词的对象性很强，因此，称呼也要有明确的对象性。欢迎词的称呼要用全名或客人尊称，一般是在姓名前加上表示亲切、尊重的修饰语，如“亲爱的”、“尊敬的”一类定语修饰，运用的修饰语要根据主客之间的亲疏关系而定。需要同时使用多种称呼时，要安排好次序。一般先称呼欢迎或欢送的对象，然后称呼在座的其他对象，一般以先长后幼、先上后下、先疏后亲为宜。例如，1972年，尼克松总统访华。周恩来总理在欢迎尼克松总统的宴会上致辞，称呼的顺序是“总统先生、尼克松夫人，女士们，先生们，同志们，朋友们”，以上致辞由于称呼涵盖了所有参加者，既恰当，又排列有序。

5) 正文

(1) 欢迎词的正文。开头先用简洁的语言表达对来宾的光临表示热烈欢迎和感谢之意，给客人一种“宾至如归”、“温暖如春”的亲切感。主体部分可因人因事，灵活多样。或交代举办活动的背景、目的、意义以及本次活动的特点；或回顾历史上双方友好交往、愉快合作所取得的成果，赞美友情，阐明共同面临的挑战和任务，期待进一步发展友谊，加强相互的交流与合作等。结尾部分用简短的语言向来宾表示良好的祝愿，并预祝活动取得圆满成功。

(2) 欢送词的正文。开头表达热情欢送和惜别之情。主体部分要高度评价会议活动的成果和来宾对会议活动所作的贡献，并表示由衷的祝贺和感谢；也可回顾客人来访期间的双方开展的友好交往，结下的深厚友谊，以表达依依不舍的情意，结尾部分要表达祝福和希望再次相会的祝愿。

(3) 答谢词的正文。祝酒词既可以表示欢迎或欢送，也可以用于相互祝贺会淡成功、项目投产、工程竣工等。表示欢迎会欢送的祝酒词，开头和主体部分的写法与欢迎词和欢送词一致。其他祝酒词的开头一般要先说明祝酒的目的和对象，然后阐明活动举办或项目实施的意义、向对方表示真诚的感谢，并期待进一步的合作。祝酒的结尾具有明显的特征，应当另起一行，写上“最后我提议”、“现在我提议”、“请允许我举杯”等，再另起一行写明祝酒的对象和内容，最后再另起一行写上“干杯”作为结尾。如果祝愿的对象和内容较多，要分别另起行书写。

### 3. 文体知识

1) 欢迎词

欢迎词是在迎接宾客的仪式上，即在开会或举办宴会开始时，主人对宾客或会议代表的到来，表示热烈欢迎的讲话稿。

欢迎词要热情大方、不卑不亢。欢迎词一方面要使对方感到亲切、友好，另一方面对双方有分歧的问题，要坚持原则立场，不能迁就，应婉约友好地表达出自己的原则，不至于造成令人不愉快的场面。

欢迎词的语言要简短，尽量合乎口语，同时要力求生动。

2) 欢送词

欢送词是宾客离别时，指会议结束、学生毕业、文艺团体下乡、下厂演出结束等，表示热情欢送的致词。

有句古诗说的好“相见时难别亦难”，中国人重情谊这一千古不变的民族传统精神在今天更显得金贵。欢送词要表达亲朋好友远行时的感受，所以依依惜别之情要溢于言表。当然格调也不可过于低沉。尤其是商务交往更应把握好分别时所用言辞的分寸。

与欢迎词一样，口语性也是欢送词的一个显著特点之一。遣词造句也应注意使用生活化的语言，使送别既富有情趣又自然得体。

3) 答谢词

答谢词是在接受了对方的邀请、款待、帮助、奖励、服务之后，在某一适当的场合表示感谢的讲话稿。

答谢词和欢迎词有着一定的对应性。通常，东道主在款待来宾的活动开始，要致欢迎词。而来宾在整个活动结束的时候，为了表示对东道主热情款待的感谢，要致答谢词。答谢词有时是在告别宴会上即席发表的，所以它也可以用祝酒词的形式出现。

作为一种礼仪文书，答谢词在双边交往的过程中起着重要的沟通作用，可以通过郑重致谢的方式增进友谊，有利于进一步加深双边的关系，促进双方的进一步合作。

仅从形式上而言，答谢词也有完善礼节的作用。古语曰“有来无往，非礼也”。如果对方有热情的欢迎，己方就必须有真诚的答谢，礼节才算周延。所以，答谢词是社会交往和国际交往中必不可少的重要礼仪文书。

欢迎词、欢送词、答谢词的共同特点是篇幅短小，注重宾主的背景介绍，突出强调两者的合作关系及合作前景；注重礼貌热情，使用尊称，使用全名，不使用简称、代称，表达要婉转适度。

## 第八节 祝　词

### 1. 案例导入

**邓颖超贺张学良九十寿辰电**

汉卿先生如晤:

欣逢先生九秩寿庆，颖超特电表示深挚的祝贺。

忆昔54年前，先生一本爱国赤子之忱，关心民族命运和国家前途，在外侮日亟、国势危殆之秋，毅然促成国共合作，实现全面抗战；去台之后，虽遭长期不公正之待遇，然淡于荣利，为国筹思，赢得人们景仰。恩来在时，每念及先生则必云：先生乃千古功臣。先生对近代中国所做的特殊贡献，人民是永远不会忘怀的。

所幸者，近年来，两岸交往日增，长期隔绝之状况已成过去。先生当年为之奋斗、为之牺牲之统一祖国振兴中华大业，为期必当不远。想先生思之亦必欣然而自慰也。

我和同辈朋友们遥祝先生善自珍重，长寿健康，并盼再度聚首，以慰故人之思耳！

问候您的夫人赵女士。

邓颖超

1990年5月30日

### 2. 格式和写法

祝词格式同讲演稿一致。祝词是讲演稿的一种，只是内容有自己的侧重点，主要表示良好祝愿和庆贺，格式仍为标题、称呼、正文、署名、日期等几部分。

祝词是祝贺之词，因此要写得热情洋溢，诚恳真挚。这种“热情”不是装出来的，而

是发自内心的，这是写好祝词的重要条件。为此，写祝词时，最好研读祝贺对象的有关材料，真正认识对象所做贡献的伟大，心里油然产生一股敬佩之情，那么，写出来的祝辞便会自然、真实、诚恳。

祝辞是庆贺之辞，内容以庆贺为主。这里便出现了一个称颂的内容是不是符合实际的问题，写作时，应抱实事求是的态度，有一说一，有二说二，不能浮夸，瞎吹，瞎捧，也不能故意抹杀。只有实事求是才能服人，才能感人，才能发挥祝辞的作用。

**3. 文体知识**

祝词也称祝辞，是指在社交活动中为表达祝愿、增进友谊等，在特定场合公开演说的礼仪性讲话。祝词属于礼仪应酬之作，通常比较简短，内容比较单一。

祝词有祝酒词、祝寿词、婚庆贺词、毕业贺词、节日祝词、会议祝词等。祝词应力求口语化，精炼、得体，表达适度，风格把握准确，感情真挚。

## 公关礼仪文书实务训练

(一) 请为学校运动会制作一张宣传海报。

(二) ××发电厂将接受其上级部门××电力公司相关领导和专家组团对其进行的安全生产检查，在检查期间将对其生产过程中存在的安全隐患给于纠正，并提出改进意见。请你为该厂拟写一篇欢迎词。

(三) 为××集团公司拟写一份端午节致员工和客户的祝词。

(四) 根据下述火灾材料，采用综合式写法，编写一篇简报稿，供《金州消防动态》刊用。注意：版面格式必须包括在内。

9月26日凌晨4时许，位于育德路177号二楼挂靠梅花街私人承包的大都夜总会发生特大火灾。烧毁彩电、投影机、音响设备、空调机和沙发等众多物品。受灾面积达400多平方米，经济损失81万多元。幸好是在非营业时间起火，故未造成人员伤亡。起火原因待查。

10月3日，金光医科大学东门小卖部，由于冰箱开关接触不良引起火灾，烧毁电冰箱一台，折合损失3000元。

10月5日下午，南方金宏广场首层管理部由于60 W的灯泡与临时堆放的纸皮箱接触，高温引起火灾。受灾面积达12平方米。

10月5日19时许，乐惠镇南街1号四楼民房由于电线短路引起火灾，受灾面积达130平方米。

10月7日凌晨5时许，第三人民医院林荫路15号民房起火。受灾4户人数为14人。烧毁建筑面积180平方米。火灾原因和经济损失正在调查中。

10月8日晚上6时15分，东水市第一人民医院急诊部4楼女临时工宿舍，由于女临时工在宿舍内用酒精炉煮饭不慎酿成火灾。受灾面积48平方米，损失约8000元。

10月9日14时41分，英雄中路92号湘香菜馆厨房起火。消防部门共调出三个消防中队六台消防车赴现场扑救，至15时将火扑灭。烧毁面积200平方米。

市第一人民医院继10月8日宿舍失火后，10月9日中午2时许医院厨房又发生火灾。

10月9日11时许，××中路11号601室一老人在使用煤气炉煮饭时，由于老人病发，昏倒在煤气炉旁，不省人事，最终窒息死亡，由于老人衣服被炉火烧着，火烧至腿部，烧伤面积达30%。至12时，其女儿下班回家才发现老人已死亡。炉火仍在烧，但无其他损失。

10月10日凌晨1时10分，水跃路农贸市场发生火灾。烧毁个体摊档7档，以及服装、粮油、金鱼缸、加氧泵等物品。受灾面积70多平方米，初步统计经济损失为4万元。起火原因是金鱼缸加氧泵电线短路所致。

(五) 写大事记要客观纪实，不加评论，也不加具体描述。请指出下面几段大事记不符合写作要求的地方，并作修改。

3月3日，县长姚大壮等领导为了进一步开展统战工作，加强与海外人士的广泛联络，吸引更多的外资发展本县经济，在县政协会议室亲切接见本县回乡探亲的旅台同胞许辉、杨子明，同他们进行了热烈友好的交谈，并设午宴招待了他们。他们相信这次会见将有利于联络广大本县籍海外人士振兴本县经济。

5月5日，最近一段时间以来，本县各行业刮起一股强劲的涨价风，群众意见很大，严重影响了广大群众的生活。为了坚决刹住乱涨价的歪风，县政府召开各乡镇主要负责人及有关部门领导参加的会议，强调刹住乱涨价歪风的重要意义，决定在全县开展物价大检查活动，希望通过这次活动能刹住这股歪风。

9月9日，由于当天是中秋节，又逢城镇墟期，上午8时东阳河大桥发生严重塞车事件，往来车辆相当多，那些客车、货车、机动三轮车都趴在桥上不动了，导致东、西、南三条交通线受阻。这一塞车事件惊动了县交通、交警、公安等部门，他们立即动员，出动了数十人奔赴现场指挥交通，到下午四时，各路车辆才缓慢通过大桥。交警、公安部门表示以后加强警力指挥车辆通过大桥，以免类似事件发生。交警、公安部门及时处理塞车事件的行动得到广大市民的赞扬。

(六) 请你为自己所在的班级撰写一份去年一年的班级活动大事记。

# 第六章 商务信函写作

学习目标

- **理论目标**

了解日常经济管理活动中各类信函的概念、特点和种类。掌握其在经济管理活动中的作用，熟悉信函类文书的内容和语言特点。

- **案例目标**

阅读例文，明确贸易信函、邀请信、感谢信、备忘录的写作要求。对商务信函的特定格式、内容、结构和语言等要求有所掌握，为具体的撰写提供参考。

- **实务目标**

模拟写作，能用简单朴实的语言，准确的表达自己的意思，能有效地运用商务信函进行交流和沟通。写作遵循 5C 原则：Clear(清楚易懂)、Complete(内容完整)、Concise(简洁扼要)、Courteous(用词礼貌)、Correct(语言正确)。

## 第一节 概 述

**案例导入**

**两败俱伤的邮件门**

2006 年 4 月 7 日晚，EMC 大中华区总裁陆纯初回办公室取东西，到门口才发现自己没带钥匙。此时他的私人秘书瑞贝卡已经下班，陆试图联系后者未果。数小时后，陆纯初还是难抑怒火，于是在凌晨 1 时 13 分通过内部电子邮件系统给瑞贝卡发了一封措辞严厉且语气生硬的“谴责信”。

陆纯初在这封用英文写就的邮件中说，“我曾告诉过你，想东西、做事情不要想当然！结果今天晚上你就把我锁在门外，我要取的东西都还在办公室里。问题在于你自以为是地认为我随身带了钥匙。从现在起，无论是午餐时段还是晚上下班后，你要跟你服务的每一名经理都确认无事后才能离开办公室，明白了吗？”陆在发送这封邮件的时候，同时传给了公司几位高管。

两天后，瑞贝卡在邮件中回复说，“首先，我做这件事是完全正确的，我锁门是从安全角度上考虑的，如果一旦丢了东西，我无法承担这个责任。其次，你有钥匙，你自己忘了带，还要说别人不对。造成这件事的主要原因都是你自己，不要把自己的错误转移到别人的身上。第三，你无权干涉和控制我的私人时间，我一天就 8 小时工作时间，请你记住中午和晚上下班的时间都是我的私人时间。第四，从到 EMC 的第一天到现在为止，我工作尽职尽责，也加过很多次的班，我也没有任何怨言，但是如果你们要求我加班是为了工作以外的事情，我无法做到。第五，虽然咱们是上下级

的关系，也请你注重一下你说话的语气，这是做人最基本的礼貌问题。第六，我要在这强调一下，我并没有猜想或者假定什么，因为我没有这个时间也没有这个必要。” 本来，这封咄咄逼人的回信已经够令人吃惊了，但是瑞贝卡选择了更加过火的做法。她回信的对象选择了“EMC(北京)、EMC(成都)、EMC(广州)、EMC(上海)”。这样一来，EMC 中国公司的所有人都收到了这封邮件。并且这封邮件在网络上竟相传递，直到演绎成“地球人都知道”的“邮件门”。

邮件被转发后不久，陆纯初就更换了秘书，瑞贝卡也离开了公司。尽管无论是邮件附加的个人点评还是 BBS 上的讨论，力挺瑞贝卡的声音都超过了八成，但外企人力资源部的管理层却并不买账。瑞贝卡没有料到邮件会被网络广泛转发，“这事儿闹得太厉害，我已经找不到工作了。”EMC 内部对此事噤若寒蝉，一些参与转发邮件的员工挨个儿被人事部门找去谈话。陆纯初最终也以辞职的方式，为纷纷扰扰的“邮件门”事件画上了个不完美的句号。

思考：

1. 在这个案例中，总裁陆纯初和秘书瑞贝卡的邮件各自存在哪些问题？
2. “邮件门”能否避免，如何避免？

## 一、商务信函的概念

商务信函是用来商洽工作、联系业务、询问和答复有关具体实际问题的一种文书。从文书内容上讲，商务信函在写作中会有许多商业活动术语，这是普通信函所不具备的。商务信函种类繁多，本章主要介绍企业日常使用频率最高的贸易信函、礼仪信函和内部沟通备忘录。

商务活动本身的特点决定了商务信函的以下特点：

(1) 正确性(correctness)。这是商务信函最为重要的特点，这里的正确性不仅指使用的语言无拼写、标点、语法等方面的错误，传递的信息(如时间、地点、价格、货号、数量、信用证号码等)准确无误，而且还指要使用正确的格式。

(2) 完整性(completeness)。商务信函的完整性指的是其必须包含所有必须的事项和信息。例如，报盘函就必须要包括产品的名称、数量、质量、价格、装运方式、付款方式等必要的信息。又如，写投诉信则必须说明问题所在，为什么要写这封投诉信，给你带来了哪些不便以及你希望得到的结果，这样对方才能够采取相应措施以解决问题。

(3) 清晰性(clarity)。商务信函的清晰指的是所写信函必须清楚明了，让对方很快了解信函所要传递的信息，不会产生歧义。

(4) 简明性(conciseness)。简明性是用尽量少的文字将事情情况说清楚。我们常说言简意赅乃语言之精华，商务信函便是如此。

(5) 具体性(concreteness)。商务信函的具体性指的是信函中应该提供具体的信息而不是概括性和抽象的信息。

(6) 礼貌性(courtesy)。礼貌原则在人际交往中非常重要，即使我们的合理要求没有得

到满足从而表达不满的时候，也要平心静气地表达问题，而不能在商务信函中表达怨气。另外，国际商务活动特别要求注重礼节，体现在书面语言上，就需要措辞委婉，多用敬辞和谦辞。

## 二、商务信函的作用

商务信函作为商务活动交流的一种重要方式在商务交际中起着重要的作用。当今社会随着对外交流的不断扩大，市场经济的不断发展，我国的商务贸易活动日益频繁。商务信函作为企业获取信息和传递信息，处理商务交流中的有关事宜，联络和沟通感情的有效工具，在商务活动中得到广泛应用。商务信函影响着商务交往的质量与效果，写得好，就可能赢得新业务，有助于促进和发展与客户的关系，也能消除彼此间的误会，缩小分歧等；反之，就可能招致矛盾，失去客户。

商务信函在现代商务活动中起着越来越重要的作用。

# 第二节　贸易信函

1. 案例导入

---

案例 1

尊敬的王先生:

您好!

从海宁的××皮革城，敬悉贵公司生产各类手工制人造皮革手套。本地区对中等价格的高品质手套一向有稳定的需求。

请惠寄贵公司的手套目录一份，详述有关价目与付款条件。希望贵公司顺带惠赐样品。

图门市××商贸公司采购部主任

刘国强谨上

2012 年 8 月 20 日

案例 2

**回复询价函**

尊敬的刘先生:

欢迎贵公司 8 月 20 号来函询问，谨表谢意！现寄上敝公司产品目录表与样品。

敝公司供销主任李安华先生将于下月初，携同大批货品到图门市一行，专程拜访贵公司。届时阁下必然同意敝公司的产品品质高且手工精巧，足以满足任何要求极高的顾客。

敝公司同时生产手制皮鞋，品质与手套相同，盼贵公司惠顾采购，在货目录表内有详细说明。李先生拜访贵公司时会展示样品给贵公司参考。

样品将及时送到贵公司，并盼望早日作出订货决定。

销售部主任
王科明谨上
2012年8月22日

××公司:

贵方有关保险事宜的6月25日来函知悉，特函告如下:

一、综合险。在没有得到我们顾客的明确指示的情况下，我们一般投保水渍险和战争险。如贵方愿投保综合险，我方可以稍高的保费代保此险。

二、破碎险。破碎险是一种特别保险，需收取额外保费。该险现行保险费率为2%，损失只赔超过5%的部分。

三、保险金额。我方注意到贵方欲为装运给贵方的货物按发票金额另加10%投保，我方当照此办理。

我方希望上述答复将满足贵方的要求，并等候贵方的答复。

××公司
×年×月×日

---

**2. 格式写法**

贸易信函一般由下面几个部分构成:

1) 称呼

贸易信函的称呼一般都由“敬语＋称谓”的形式组成，如“尊敬的王总经理”、“亲爱的刘主任”、“尊敬的董事长先生阁下”等。对某些特殊的内容或与境外华文地区的人员往来还可加上传统书信的“提称”，如“尊敬的刘先生台鉴”、“亲爱的曼玉小姐雅鉴”等。顶格写，后面加冒号。

2) 启词

启词是信文的起首语，可有多种表示法。例如，问候式的“您好”、“别来无恙”；思怀式的“久不通信，甚为怀想”；赞颂式的“新春大吉”、“开张大吉”；承前式的“上周曾发一传真件，今仍具函，为××事”，“贵公司×月×日赐函已悉”等等。不分对象，不论内容，一律以“您好”为商函的启词，极不恰当。此外，还可用“兹为、兹因、兹悉、兹经、兹介绍、兹定于”；“顷闻、顷悉、顷获”；“欣闻、欣悉、欣逢、值此”，以及“据了解、据报、据查实”等一系列公文用语，以提领全文。在称呼下面另起一行，前空两格书写。

3) 正文

正文要求直陈其事，就事论事，正文要清楚、明了、简洁，根据发函目的，决定正文内容。希望建立贸易关系的函，主要向对方作自我介绍，并表示合作的意愿。订购函要把订购的商品名称、规格、数量、价格、结算方式、包装、交货日期、交货地点和运输方式等交待清楚。

4) 酬应过渡

正文结束时，可写几句应酬性的话作为全文的过渡，如“我方相信，经过此次合作，双方的友谊将有进一步发展。”又如，“再次表示衷心的感谢”或“代向公司其他同志问候”等。也有用公务书信的常用结语过渡，如“特此函达、特此说明、特此重申、特此函询、特此致歉”，或“肃此专呈、肃此奉达”，还有“特此鸣谢、敬请谅解、尚祈垂察、务请函复、至希鉴谅”，以及“承蒙惠允、承蒙协办、承蒙惠示、不胜荣幸、不胜感激”等。(通常过渡一下更符合礼仪规范)。

5) 祝颂词

书信的最后，写祝颂词是惯例。由于写信人与收信人的关系各有不同，书信内容各有不同，祝颂词的写法便呈多种多样。有时，往往用简单的一两句话，写明希望对方答复的要求，如“特此函达，即希函复。”同时写表示祝愿或致敬的话，如“此致敬礼”、“敬祝健康”等。祝语一般分为两行书写，“此致”、“敬祝”可紧随正文，也可和正文空开。“敬礼”、“健康”则需转行顶格书写。

6) 签署

书信的签署以写信人全名为要，不能只签姓氏或习惯称呼，如“老王”、“小王”、“小李”、“张主任”、“赵经理”等，而要完整地写成“××部主任张金水”、“××公司经理王富成”或者“××公司办公室秘书李倩”、“××部业务员刘震”等。今天，许多书信都用计算机制成，但即使已打印了姓名，仍应再以手书签署一遍，这既表信用，亦示诚意。对某些特殊对象，署名后应有具名语，如“谨上、谨呈、敬述”等，以表示对收件者的尊重。通常中文信函写在结尾后另起一行或空一、二行的偏右下方位置，但一般E-mail商务信函也可靠左。以单位名义发出的商业信函，署名时可写单位名称或单位内具体部门名称，也可同时署写信人的姓名。

7) 日期

日期明确本是应用文写作的基本要素，信函自然不可缺了这一项。日期必须准确，表现出写信人的负责态度，如果记错日期，也许会因此而误事。写信日期一般写在署名的下一行或同一行偏右下方位置。

**3. 文体知识**

贸易信函可以分为交易磋商函和争议索赔函两大类。交易磋商是交易双方就买卖某种商品及交易条件，如品质、规格、数量、包装、价格、支付方式、交货、提货等进行协商，若协商一致则达成协议的过程。交易磋商过程中形成的信函就是交易磋商函。在履行合同过程中，只要买卖双方中的任何一方认为另一方没有履行或没有全部履行合同所规定的义务，如拖延交货，交货数量、品质、包装与规定不符，不按规定支付货款，无理拒收货物

等，均会引起交易纠纷，发生争议。争议发生后，受损方可向违约方提出索赔要求，而违约方则需要就受损方的索赔要求做出答复，或是直接受理受损方的索赔要求。争议发生过程中或争议发生后索赔、理赔过程中使用的函称为争议索赔函。

贸易信函有这样几个较为明显的特点：

(1) 内容单一。商函以商品交易为目的，以交易磋商为内容，不适用与商品交易无关的事情。另外，商函内容单一还体现在一文一事上，即一份商函只涉及某一项交易，而不同时涉及几项交易。

(2) 结构简单。商函因内容单一，段落较少，篇幅也较短，整体结构比较简单，所以看上去一目了然。这种简单明了的结构，体现了商函完全服务于交易的实用功能，便于对方阅读和把握。

(3) 语言简练。商函以说明为主，或介绍业务范围，或报知商品品种与价格，或提出购买品种与数量，或要求支付货款，或通知货物发运和到达的日期，直截了当，言简意明。

## 第三节　请柬与邀请函

### 1. 案例导入

案例 1

**请　　柬**

兹定于 2012 年 4 月 26 日(星期四)晚 7：00～9：00，在公司职工活动中心举行庆祝五一茶话会，届时敬请光临。

此致

敬礼!

××公司公关部

2012 年 4 月 21 日

案例 2

**邀　请　函**

尊敬的__________先生/女士：

为进一步满足第二语言教学对汉语句式研究的迫切需要，促进语法研究新成果向国际汉语教学应用的转化，××大学汉语学院拟于 2013 年 8 月 20 日举办“汉语国际教育语境下的句式研究与教学专题研讨会”。鉴于您在第二语言研究领域的丰厚学术成果，诚邀您出

席并发表鸿文，嘉惠学林。

有关会议安排如下：

一、会议时间：2013 年 8 月 20 日～22 日

二、会议地点：××大学××楼××会议中心

三、会议主旨：促进前沿语言学理论的创新及其向国际汉语教学的转化与应用；推动语言学理论的本土化研究。

四、会议议题：1) 类型学视角下的汉语句式研究；2) 汉语句式研究的跨文化视角与相关语言事实；3) 跨文化视角下的汉语第二语言句式教学；4) 汉语教材、大纲、教学设计中的句式问题；5) 汉语作为第二语言句式教学中的相关问题。

五、遴选参会论文，出版论集《汉语句式研究与教学》。

六、2013 年 7 月×日前，将论文题目及摘要以 Word 文档发至会务组邮箱。摘要 1000 字，标题用三号宋体，正文用小四号宋体。摘要请标注作者姓名、单位、电子邮箱、通讯地址、邮政编码、联系电话、传真。请于 8 月×日前提交论文全文，以便制作论文集。

七、会议日程：

8 月 19 日下午，在××大学会议中心大堂报到。报到地址：××区××路××号。乘坐地铁到××站下车(1 出口)，步行至会议中心。

8 月 20 日，8:30 开幕式、大会发言、分组研讨。

8 月 21 日，上午分组研讨，下午闭幕式。

8 月 22 日，文化考察一天(京郊)。如不参加文化考察，请回函说明，以便筹备组统计人数。

8 月 22 日，离会。

八、会议通讯地址：××区××路××号××大学汉语学院(邮编××××××)。

九、往返交通由会议代表自行购票。会议筹办费、餐费、住宿费、论文集出版费由会议主办方承担。

如有特殊情况，需代买车票，请于 7 月 8 日前将身份证号及返程日期通过邮箱通知会务组，过期不再受理。

电话：×××-×××××××××

E-mail: ××××××@×××.com

句式研究与教学研讨会筹备组

2013 年 6 月××日

---

**2. 格式和写法**

请柬有印制和手写两种形式，一般分为封面、封里两部分，又分横式、竖式两种。但无论哪种形式，其内容结构都基本相同，即：标题＋称谓＋正文＋落款＋成文日期的格式。

1) 标题

在封面或页面上部居中，用大字书写“请柬”二字，标题如在封面，往往要做些图案装饰。有些请柬的标题还要加上事由，如《庆祝××公司成立10周年请柬》等。

2) 称谓

另起一行(或另起一页)顶格书写被邀请者的姓名或单位名称。姓名之后要加职务、职称等称谓，如“×教授”、“×主任”等，或用“同志”、“女士”、“先生”等称谓。称谓后边加冒号。如果邀请夫妇两人，应将两人的姓名并列书写，加“伉俪”两字。

3) 正文

称谓下一行空两格书写正文，应写明活动的内容(名称)、时间、地点。如有其他要求，也可简要地提出，以便被邀请者事先准备。如果需乘车乘船，应交代到达路线和有无专人接站等信息。

4) 结尾

结尾一般要写“敬请光临”、“恭候莅临”、“敬请出席”、“敬请光临指导”等请语。请语是请柬所特有的，是请柬的重要标志。请柬必须用雅语，因此恰当地选择和使用典雅的敬语，做到谦敬得体，是请柬写作成功的重要环节。请语的位置有两种，一种是在正文之下另起一行，顶格或空两格、四格书写均可；另一种是将“敬请”这个表示己方行为的词居右书写，将“光临”这个表示对方行为的词另起一行，顶格书写，以示恭敬。

邀请函与请柬有相似之处，都是邀请某人、某单位前来参加某项活动。区别在于：邀请函是邀请对方前来参加某项实质性活动。所谓实质性，不同于例行的礼仪活动，而是指有具体的内容、事项，如学术讨论会、成果鉴定会、展销订货会等。这些活动往往时间较长、项目较多、程序较为复杂，因此需要用邀请函来详细说明，不这样写不足以打动对方前来参加。而纯粹礼仪性的、例行性的活动，则不适宜用邀请函，发请柬即可。

另外，为了真诚地邀请对方，也为了能使对方对活动有一个了解，邀请函往往对活动本身的作用、意义要做简单介绍，而请柬只用一句话点明会议的内容或名称即可。

5) 署名、日期

单位署名的请柬或邀请函，必须盖单位公章。署名的位置，在结尾的下一行的右边。日期一般只要写“×月×日”；如果比较郑重，还要写上年份。日期要写在署名后面，与署名之间空一至两格，或写在署名下一行的右边，要比署名更右一点。

### 3. 文体知识

请柬又称请帖、简帖，是为了邀请客人参加某项活动而发的礼仪性书信，如会议请柬、仪式请柬、参展请柬、宴会请柬等。

邀请函是邀请亲朋好友或知名人士、专家等参加某项活动时所发的请约性书信，如同学聚会邀请函、亲子运动会邀请函、毕业生就业双选会邀请函、辩论比赛邀请函、会议邀请函等。

请柬公私兼用，多用于隆重的庆典仪式场合，邀请对象一般只需出席、捧场即可，不承担具体的工作任务。邀请函用于公务活动，对邀请对象有具体的工作任务与要求。因此，

一般请柬内容简单，而邀请函事项复杂。请柬要求精心设计，制作精美，有封面、内页。而邀请函则大多直接用A4纸打印。

## 第四节　感　谢　信

### 1. 案例导入

**感　谢　信**

尊敬的××大学师生：

××市商业银行是坐落在南国江城——××市的一家地方性股份制银行。几年来，我们的经营规模迅速扩张，各项经营指标取得了突破性进展。为了建设一支高素质的干部队伍，进一步把企业做大做强，我们在全国一些大学招聘了一批应届毕业生。我们在××大学招聘期间得到了学校领导及就业指导中心的老师和同学的大力支持，使我们深受感动。在这里，我们向××大学领导及就业指导中心的老师和同学表示深深的谢意。向加盟我们的学生表示热烈的祝贺，同时也对广大同学的大力支持表示感谢！

最后，祝××大学领导、老师、同学身体健康！工作学习进步！

××市商业银行董事长、行长李××

二〇一二年五月四日

### 2. 格式和写法

1) 标题

感谢信的标题比较灵活，大致有三种写法。

(1) 以“感谢信”作标题，在首行正中书写“感谢信”三个字。

(2) 用公文式标题，如发文机关＋事由＋感谢信。

(3) 用正标题和副标题的双标题，即先用一个生动形象的正标题，然后再用“给××的感谢信”作为副标题。

2) 称谓

称谓是指在标题下一行顶格写被感谢对象的单位名称或个人姓名。个人姓名后应加上“同志”、“先生”或职务及相应的称呼、称谓之后加冒号。

3) 正文

称谓下一行空两格起，写感谢的内容和感激心情。应当分段写出以下几个方面：

(1) 精炼地叙述对方的好品德、好作风与先进事迹。在叙述的过程中，要交代清楚人物、事件、时间、地点、原因、结果，重点叙说在关键时刻对方的关心、支持、帮助所产生的意义和作用。

(2) 热情赞颂对方的可贵精神，既表感激之情，也谈今后如何用实际行动向对方学习。

4) 结语

感谢信的结语一般用“此致敬礼”或“再次表示诚挚的感谢”之类的话来做结语，也可自然结束正文，不写结语。

5) 署名与日期

最后，感谢信要写上感谢者的单位名称或个人姓名以及写信的时间。

### 3. 文体知识

感谢信是个人或单位因受到对方某种关心、帮助、支持或恩惠，而表达感谢之情的信函。对象明确、感情真挚、事实具体。感谢信使用范围广，重在表达谢意。

感谢信依据不同的标准可以有不同的分法。

1) 按感谢对象的特点来分

(1) 写给集体的感谢信。这类感谢信，一般是个人处于困境时，得到了集体的帮助，并在集体的关心和支持下，自己最终克服了困难，度过了难关，摆脱了困境，所以要用感谢信的方式表达自己的感激之情。

(2) 写给个人的感谢信。这类感谢信，可以是个人也可以是单位也可以是集体为了感谢某个人曾经给予的帮助或照顾而写的。

2) 按感谢信的存在形式来分

(1) 公开张贴的感谢信。这种感谢信包括可在报社登报、电台广播或电视台播报的感谢信，是一种可以公开张贴的感谢信。

(2) 寄给单位、集体或个人的感谢信。这种感谢信直接寄给单位、集体或个人。

## 第五节　商务备忘录

### 1. 案例导入

致：办公室主任布朗先生
自：国际事务处主任约翰·坎贝尔
时间：2012年3月21日
事由：电脑

我想提醒您一下，我们国际事务处急需一台电脑，以便处理日益增加的与外国公司和企业进行联系的函件。我希望您注意这个问题，并尽早予以解决。

您的
约翰·坎贝尔

### 2. 格式写法

备忘录(Memo)是一种录以备忘的公文。在公文函件中，它的等级是比较低的，主要用来提醒、督促对方，或就某个问题提出自己的意见或看法。在业务上，它一般用来补充正式文件的不足。备忘录一般没有客套语、致敬语，开头就叙述事实。

备忘录的内容可以分为以下几项：

① 书端(Heading);

② 收文人的姓名、头衔、地址(Addressee's Name, Title, Address)；

③ 称呼(Salutation)；

④ 事因(Subject)；

⑤ 正文(Body)；

⑥ 结束语(Complimentary Close)；

⑦ 署名(Signature)。

在一些较大的公司或机构中，备忘录纸笺上端通常印有公司、机构名称和 Memorandum 或 Memo 字样，并印有开头部分：To，From，Date 和 Subject。但在一些小单位里，可能不会有按格式打印出来的备忘录纸笺。

在打印或书写备忘录时，通常有两种格式：一种是每一行均顶左边齐，另一种是每段的第一行往后缩一定距离。

Memo 的长度应怎样？多丽思 · 惠伦(Doris Whalen)在《商业写作手册》一书中说："备忘录在长度上应该是一页或不超过两页。"

### 3. 文体知识

商务备忘录是一种非正式的商务文件、便条，它普遍运用于办公事务中。Memo 一词入编外企办公高频率英语单词(词汇)，是网络公认的外企使用频率最高的英语单词之一。备忘录可面交或送交对方。在会谈或交涉中为了便于对方记录谈话的内容以避免误解，可预先写成备忘录面交对方，也可在谈话后将要点写成备忘录送交对方。有时为了提醒某一件事，作为一种客气的催询，也可送交备忘录。

Memo 的内容有哪些？玛丽 · 葛菲(Mary Ellen Guffey)在她的《商务英语》一书中说："备忘录用来解释政策、程序和指示；发布通知，提出信息和行动要求；答复要求。备忘录可以帮助人们提醒事物；可以对决定、电话交谈、会议提供书面记录。"

同一个机构中，同事之间交流很方便，为什么要花时间去写备忘录呢？杰克 · 洛明(Jack Romine)在《大学商务英语》一书中说："在你走进办公室或拨一下电话就可以和同事们交流信息时，却要不厌其烦地写备忘录，这似乎是浪费时间，然而备忘录是书写者提供信息的书面记录，是接受者所要采取行动的书面提示。"

备忘录的表达应力求简洁正确，语言完整规范、准确正式。备忘录的内容应直截了当，尽量使用日常熟悉的词汇。另外还有一点很重要，备忘录应注意语言的得体性。

较备忘录更为简短、随意的信息交流文体是便条，便条可以使用首字母缩写词和缩略词，省略主语、助动词和冠词。

## 商务信函实务训练

(一) 假设你是加拿大 NEO 公司(NEO GENERAL TRADING CO.)的业务员 ANDY BURNS，你公司正在大量求购瓷器(Chinaware)。一位客户从网上了解到你公司的情况并给你公司发来邮件，希望建立业务关系。请根据该邮件给你的客户回信，就客户信中提到的DR 系列中的 DR2010、DR2202、DR2211、DR2300 和 DR2401 等型号的商品进行询盘并索要样品以供检验评判，写信时间为 2005 年 10 月 14 日。

(字数在 600 字左右)

(二) 假设你是张明，你们班下周六要举行英语晚会，节目有唱歌、跳舞、英语短剧等。你邀请王飞来参加，并希望他能为大家表演一个节目。

请写一封邀请信，要求语言准确，用词得当，字数在 100 左右。

# 附录A 公文格式

0000001

秘密★一年
特　　急

## 东海市人民政府文件

东政发〔2009〕3号

### 东海市人民政府
### 关于经济活动现状评估的通知

各区、县政府、中央直属企业：

为贯彻落实国家××部印发的《××××发展纲要》，全面掌握和科学评估我市经济活动发展现状，为进一步制定和完善经济发展政策提供科学依据，市政府和×××研究所决定联合开展经济活动现状调查与评估。

东海市经济活动调查与评估工作以问卷调查和典型区现场调查的办法进行，市政府负责指导，由各区、县政府、中央直属企业组织开展，由×××研究所提供技术支持。现将《东海市经济活动现状调查与评估工作方案》和《东海市经济现状调查问卷》印发你们，请各区、县政府、中央直属企业加强合作，按要求组织和开展调研和评估工作。由市委办公室汇总，于2009年8月底前报×××研究所。

附件：1. 《东海市经济活动现状调查与评估工作方案》
　　　2. 《东海市经济现状调查问卷》

二〇〇九年三月十二日

主题词：××　××　××　××

抄送：××××××，×××××，×××××××，×××××××××××

东海市人民政府办公厅秘书处　　二〇〇九年三月十二日印发

(共印80份)

附图A-1　公文格式图例1

0000015　　　　机密 ★二年
特　　急

# 东海省人民政府文件

东政发(2008)12 号　　　　签发人：李××

东海省人民政府
关于国营企业股权改制试点的通知

东海省属、市属各国营企业：

股权试点……………………………………………………………的大举措时间经历………………………………………………………………试点的经济活动…………………………………………………………………。

附件：1. ××××××××份

2. ××××××××份

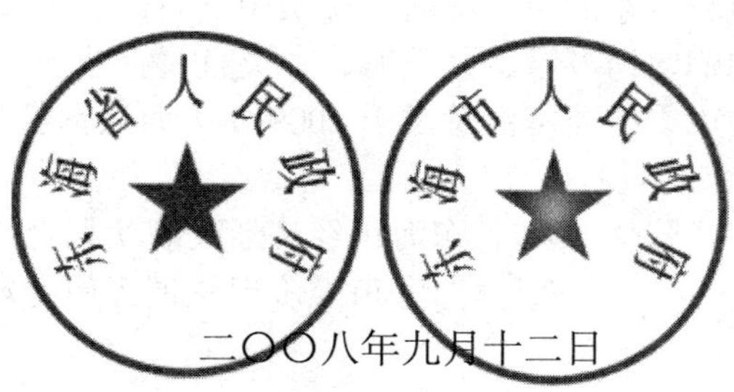


二〇〇八年九月十二日

(附注：××××××)　　　　（印章下套方式）

主题词：××　××　××　××

抄送：××××××，×××××，×××××××××，×××××××××××××

东海省人民政府办公厅秘书处　　　　二〇〇八年九月十二日印发

（共印 40 份）

附图 A-2　公文格式图例 2

# 附录 B　公文专用词语简表

| | 类　别 | 作　用 | 常用习惯用语 |
|---|---|---|---|
| 1 | 开头用语 | 主要用于公文开头，表示行文目的、原因、根据、时态、范围、背景情况等 | 为、为了、为着、查、据查、近查、接、顷接、据、依据、根据、按、按照、依照、遵照、鉴于、关于、由于、对于、兹、兹因、兹有、兹介绍、兹定于、今、现将、随着 |
| 2 | 称谓用语 | 用于表示对人称或单位的称谓 | 第一人称：我、我们、我单位、本、本公司、敝单位(用于函)<br>第二人称：贵、贵公司(用于函)、贵方、你、你局<br>第三人称：该、该公司 |
| 3 | 递送用语 | 表示文、物递送方向 | 上行：报、呈<br>平行：送<br>下行：发、颁发、颁布、发布、引发、下发、下达 |
| 4 | 引叙用语 | 用以引述来文，作为批答行文的依据 | 悉、收悉、近悉(闻)、欣悉(闻)、顷悉、已悉、接、前接、近接、既接、顷闻、顷据、顷接 |
| 5 | 拟办用语 | 用于拟办、审批 | 拟办：责成、交办、试办、办理、执行<br>审批：同意、照办、批准、可行、可办 |
| 6 | 经办用语 | 用于标明进度 | 经、已经、业经、兹经、既经、现将、已将、拟定、责成 |
| 7 | 过渡用语 | 用于承上启下 | 为此、据此、对此、因此、鉴于、总之、综上所述、有鉴于此、为使、对于、关于、现将……如下、答复如下 |
| 8 | 祈请用语 | 用于表示希望、请求 | 上行：请、恳请、拟请、特请、报请、即请、务请<br>平行：请、拟请、特请、务请、如蒙、即请、切盼<br>下行：希、希予、希即、望、尚望、切望、勿误 |
| 9 | 结尾用语 | 用于结尾表示收束 | 上行：当否，请批示；可否，请指示；如无不当，请批转；如无不妥，请批准；特此报告；以上报告请审核；以上意见如无不当，请批转……执行<br>平行：为盼、为荷、特此函达、尚望函复为宜<br>下行：为要、为妥、希遵照执行、此复、……现予以公布、特此公告、特此通告、此令 |
| 10 | 征询用语 | 用于征求、询问对有关事项的意见、态度 | 当否、妥否、可否、是否妥当、是否同意、如无不妥、如无不当、如果可行 |
| 11 | 批转用语 | 用于对上下级来文的转发或批转 | 转上级或不相隶属机关来文：转发<br>转下级来文：批转 |

# 附录C　时间、名称、计量单位等的规范写法

## 一、关于时间概念在稿件中的运用

年月日：公历世纪、年代、年、月、日要求用阿拉伯数字，如：20世纪90年代，1998年5月1日；公历年份一概用全称，不能略写。如：“1998年”不能写成“98年”。

## 二、关于名称的运用

简称：各种专名第一次出现时要用全称，不用简称，后面如需用简称，则应在第一次出现全称时，后面用括号加注说明。有两种情况可例外：标题中可先出现简称；公众熟悉的简称有时可直接使用，如“彩电”、“北约”、“世贸组织”等。

简称要按约定俗成的用法，不要随意生造。不要用有歧义的简称，如：“女花选手”究竟是指“女子花剑”或“女子花样滑冰”，还是“女子花样游泳”？

地名：国内外地名的写法以中国地图出版社最新的地图和地名录为准。稿件中第一次出现的公众不熟悉的市、县、区、乡村等小地名，应考虑在前面冠以适当的大地名及区域名。

译名：国外名人、重要的或常见的人名、党派、政府机构、报刊等中文译名以《辞海》和《中国大百科全书》为准，亦可参考新华社译名。

专用名称：使用要规范化。例如：不能写“老革命根据地”，应该写“革命老根据地”或“老区”；不能说“苏联十月革命”，应该说“俄国十月革命”或“十月革命”。

名称统一：某些事物有多种名称，在文中要前后统一，即只选择一个使用，而不要多个混用。

## 三、关于计量单位的运用

规范：要使用法定计量单位，如长度单位要写“米、厘米、毫米”等，不能写“公尺、公分、公厘”等；容量应写“升”，不能写“公升、立升”等。地方性度量衡单位(如“石”、“担”、“斗”)一般不用，已废除的计量单位一般也不能使用(如斤、两、里)，但有时涉及历史背景介绍或群众口头语引语而不可避免时，可以适当使用，并常需换算成法定计量单位加注说明。

国外计量单位：涉及国外的计量单位，不能使用旧译名用字。例如：浬(应使用“海里”)，

哩(必要时用“英里”)，呎(必要时用“英尺”)，吋(必要时用“英寸”)，唡(必要时用“盎司”)，另一些如“磅”、“码”、“夸脱”等，应直接折算为法定公制，不可避免时应加注说明。

## 四、关于数字的运用

统一：一篇稿件中使用数字应遵循局部体例统一和全篇前后体例相对统一的原则。例如:不能在局部出现“一一O九钻井队……1211钻井队……六根枕木……7辆载重汽车……400多元……一千多美元……四分之一……1/13”这样汉字数字和阿拉伯数字的混合表达。在既可以使用阿拉伯数字也可使用汉字数字的情形时，只要得体，特别当所表示的数字比较精确时，均应使用阿拉伯数字。遇特殊情况或为避免歧解，可以部分灵活变通。

汉字数字：整数一至十的数字，如果不是出现在具有统计意义的一组数字中，可以使用汉字，但要照顾到上下文，求得局部体例上的一致，如：一个人，三本书，四种产品，看了十遍，五个百分点等。另如：“截至1984年9月，我国高等学校有新闻系6个，新闻专业7个，新闻班1个，新闻教育专职教员274人，在校学生1561人。

相邻的两个数字并列连用表示概数，必须使用汉字，连用的两个数字之间不能用顿号“、”隔开。正确用法如：二三米，一两个小时，三五天，十三四吨，一二十个，四十五六岁，七八十种等。

汉字数字单位：非科技出版物中用阿拉伯数字书写的数值一般可以使用“万”、“亿”作单位，但不能夹用“十”、“百”、“千”、“十万”、“百万”、“千万”、“十亿”、“百亿”、“千亿”记位。可以写：2万，270亿，但不能写：5千，7百万，3千亿，2万8千6百多等。三亿四千五百万可写成345 000 000，也可以写成34 500万或3．45亿，但一般不能写作3亿4千5百万。

约数：带有“几”字的数字表示约数，必须使用汉字，如几千年，十几天，一百几十次，几十万分之一，不能有20几个，100几十次等用法。

整数：非专业性科技出版物表达多位整数可采用传统的千分撇(“，”)分节处理(如2，748，456)，四位以内的整数可以不分节(如8703)；小数部分不分节(如3.141 592 65)；序数词即使是多位数也不能分节。

数值：阿拉伯数字书写的数值在表示数值的范围时，使用浪纹式连接号“～”。例如：8万～12万吨(不写作8—12万吨)，63%～68%(不写作63—63%)，等等。

不能用“降低×××倍”或“减少×××倍”的说法。降低不能用倍数，只能用百分比。降低多少倍的说法不合逻辑，这个错误经常出现。

序号标点：序号的标点要正确运用。“第一”、“第二”、“第三”等，后面用逗号；“一”、“二”、“三”等，后面用顿号；“1”、“2”、“3”和“A”、“B”、“C”等，后面用齐线黑点；带了括号的序号，后面不得再加顿号、逗号之类标点。

# 附录D　商务接待流程图

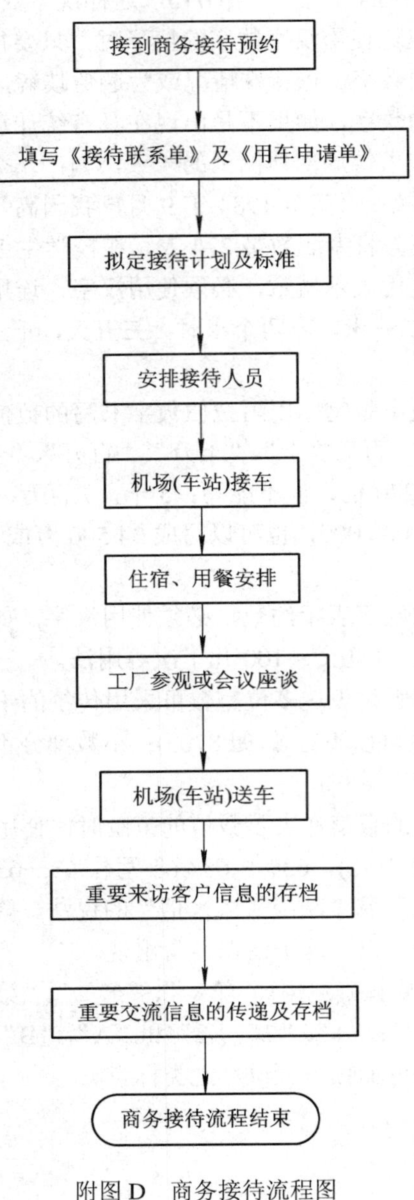


附图D　商务接待流程图

# 附录E 履 历 表

<table>
<tr><td rowspan="2">姓名</td><td>现 名</td><td></td><td>性 别</td><td></td><td>籍 贯</td><td></td><td rowspan="4" colspan="2">近期二寸<br>正面彩色照片</td></tr>
<tr><td>曾用名</td><td></td><td>民 族</td><td></td><td>出生地</td><td></td></tr>
<tr><td colspan="2">出生日期</td><td colspan="2">年 月 日</td><td colspan="2">职别（干部/工人）</td><td></td></tr>
<tr><td colspan="2">身份证号码</td><td colspan="3"></td><td>政治面貌</td><td></td></tr>
<tr><td>入团时间</td><td></td><td colspan="2">入党(民主党派)时间</td><td></td><td>行政职务</td><td colspan="3"></td></tr>
<tr><td colspan="4">何年、何月、何地参加工作</td><td colspan="5"></td></tr>
<tr><td colspan="2">专业技术资格</td><td></td><td>获资格时间</td><td></td><td>聘任技术职务</td><td colspan="3"></td></tr>
<tr><td>学 历</td><td colspan="2">毕(肄、结)业时间</td><td colspan="2">毕 业 院 校</td><td>所学专业</td><td>学 制</td><td colspan="2">学 位</td></tr>
<tr><td></td><td colspan="2"></td><td colspan="2"></td><td></td><td></td><td colspan="2"></td></tr>
<tr><td></td><td colspan="2"></td><td colspan="2"></td><td></td><td></td><td colspan="2"></td></tr>
<tr><td colspan="3">何时来院(毕业分配、调动)</td><td colspan="6"></td></tr>
<tr><td colspan="3">配偶姓名、职业、政治状况</td><td colspan="6"></td></tr>
<tr><td rowspan="7">家庭主要成员</td><td>姓 名</td><td>出生年月</td><td>与本人关系</td><td colspan="3">现在何地何部门任何职</td><td colspan="2">政治面貌</td></tr>
<tr><td></td><td></td><td></td><td colspan="3"></td><td colspan="2"></td></tr>
<tr><td></td><td></td><td></td><td colspan="3"></td><td colspan="2"></td></tr>
<tr><td></td><td></td><td></td><td colspan="3"></td><td colspan="2"></td></tr>
<tr><td></td><td></td><td></td><td colspan="3"></td><td colspan="2"></td></tr>
<tr><td></td><td></td><td></td><td colspan="3"></td><td colspan="2"></td></tr>
<tr><td></td><td></td><td></td><td colspan="3"></td><td colspan="2"></td></tr>
</table>

续表

<table>
<tr><td rowspan="5">主要社会关系</td><td>姓 名</td><td>性别</td><td>与本人关系</td><td>现在何处、从事何种工作</td><td>政治面貌</td></tr>
<tr><td></td><td></td><td></td><td></td><td></td></tr>
<tr><td></td><td></td><td></td><td></td><td></td></tr>
<tr><td></td><td></td><td></td><td></td><td></td></tr>
<tr><td></td><td></td><td></td><td></td><td></td></tr>
<tr><td colspan="2">何时、何地受过何种奖励</td><td colspan="4"></td></tr>
<tr><td colspan="2">何时、何地受过何种处分？</td><td colspan="4"></td></tr>
<tr><td colspan="6">工作经历</td></tr>
</table>

<table>
<tr><td colspan="2">起止年月</td><td colspan="2">单位部门</td><td colspan="2">任何职务</td></tr>
<tr><td colspan="2"></td><td colspan="2"></td><td colspan="2"></td></tr>
<tr><td colspan="2"></td><td colspan="2"></td><td colspan="2"></td></tr>
<tr><td colspan="2"></td><td colspan="2"></td><td colspan="2"></td></tr>
<tr><td>本人签字</td><td></td><td colspan="2"></td><td>填表日期</td><td></td></tr>
<tr><td>填表说明</td><td colspan="5">1. 表内所列项目请本人实事求是地填写齐全，没有内容的可写无。<br>2. 书写时一律用钢笔或签字笔，并使用碳素或蓝黑墨水，字迹要端正、清楚。<br>3. 表内的年、月、日一律用公历和阿拉伯数字。<br>4. “照片”一律用近期二寸正面彩色照片。</td></tr>
</table>

# 附录F　档案调阅单

<table>
<tr><td>编号：</td><td colspan="4">填写日期：　　年　　月　　日</td></tr>
<tr><td>类　别</td><td>调档部门</td><td colspan="3"></td></tr>
<tr><td></td><td>调档人</td><td colspan="3"></td></tr>
<tr><td>文件内容摘要</td><td colspan="4"></td></tr>
<tr><td>调阅用途</td><td colspan="4"></td></tr>
<tr><td>调阅期限</td><td colspan="4">自　年　月　日起至　年　月　日止，计　日</td></tr>
<tr><td>原收文编号</td><td colspan="2"></td><td>借出日期</td><td></td></tr>
<tr><td>档　号</td><td colspan="2"></td><td>归还日期</td><td></td></tr>
<tr><td>备　注</td><td colspan="2"></td><td>保管人签章</td><td></td></tr>
</table>

# 附录G 简报格式

| 密 级 | | 编 号 |
|---|---|---|

**东江大学文化建设**

**教育简报**

(2009)第 8 期(总第 126 期)

东江大学文明办编印　　　　2009 年 8 月 10 日

---

**目录（省略）**

**按语（编者按）：**

我校精神文明建设的展开已经如火如荼……………………………………………………………………………………………………………………………胜利。

**关于贯彻我校精神文明建设**

**专题会议纪要**

**导语（省略）**

自我校建立 80 年来，精神文明的建设一直是我们优良的传统。……………………………………………………………………………………………辉煌成果。

（校文明办供稿）

---

报：东江市教委、东江市文明办

送：东辉大学文明办、东江职业技术学院文明办

发：各院、系党总支部、各行政部门党支部

---

共印 42 份

# 参 考 文 献

[1] Whalen Doris H. Handbook For Business Writers. 1992.

[2] Guffey Mary Ellen. Carolyn M. Seefer. Business English Edition 10.

[3] Romine Jack, Hanson Ladine. Thelma Holdridge. College Business English, 1988.

[4] 常青. 大学应用写作[M]. 北京：北京大学出版社，2005.

[5] 冯克江. 商务信函的特点与翻译[J]. 牡丹江：牡丹江大学学报，2008[2008-01].

[6] 郭冬. 秘书写作[M]. 2 版. 北京：高等教育出版社，2007.

[7] 李光. 应用文写作实训教程[M]. 北京：科学出版社，2004.

[8] 李振辉. 应用文写作实训教程[M]. 2 版. 北京：机械工业出版社，2006.

[9] 林宗源. 应用文写作[M]. 北京：中国轻工业出版社，2006.

[10] 刘大卫.〈劳动合同法〉背景下企业人力资源管理必备文书大全：全面参考〈劳动合同法实施条例〉[M]. 上海：华东师范大学出版社，2008.

[11] 刘洪英, 李彤. 实用应用文写作[M]. 北京：清华大学出版社、北京交通大学出版社，2006.

[12] 鲁捷. 新编财经应用写作[M]. 3 版. 大连：大连理工大学出版社，2005.

[13] 栾照钧. 公文写作逆释答疑 300 题[M]. 北京：中国档案出版社，2004.

[14] 马伟胜. 公文写作、处理与病例评改[M]. 2 版. 南京：广西人民出版社，2005.

[15] 梅雨霖，梅薇薇. 人力资源管理文书规范写作大全[M]. 南京：广西人民出版社，2008.

[16] 乔刚. 现代应用文写作[M]. 上海：立信会计出版社，2005.

[17] 吴仁援. 大学应用写作[M]. 上海：上海大学出版社，2000.

[18] 王粤钦. 新编应用写作[M]. 2 版. 大连：大连理工大学出版社，2004.

[19] 徐秋儿. 现代应用写作实训[M]. 杭洲：浙江大学出版社，2005.

[20] 徐云浩. 简明经济应用写作[M]. 北京：高等教育出版社，2004.

[21] 杨文丰. 实用经济文书写作[M]. 2 版. 北京：中国人民大学出版社，2006.

[22] 俞纪东. 经济写作. 3 版. 上海：上海财经大学出版社，2006.

[23] 张江艳. 应用写作案例与训练[M]. 北京：北京师范大学出版社，2008.

[24] 张宝忠. 公文写作评改与答疑[M]. 广州：广东经济出版社，2004.

[25] 朱悦雄. 应用写作病文评析与修改[M]. 广州：广东高等教育出版社，2004.